AF576152

Impressum

Herstellung und Verlag

BoD – Books on Demand Norderstedt

ISBN 798-3-7460-3071-5

Fotos und Zeichnungen alle von Robert Soisson, falls nicht anders vermerkt.

Das Echternach-Syndrom

Band 5

Jugend, Familie, Gesellschaft

[1]

[1] Zeichnung für : Jeunes, vos Droits et Devoirs ; 2002

Das Echternach Syndrom

Jeder kennt den Aphorismus von der Echternacher Springprozession: 3 Schritte vorwärts, 2 zurück. Allgemein steht er in der Literatur für ein zögerliches, halbherziges Vorgehen in vielen Bereichen des öffentlichen und privaten Lebens. Adorno bemerkte: Die Echternacher Springprozession ist nicht der Gang des Weltgeistes (Minima Moralia, S. 165). Dass es die Luxemburger Politik nicht so sehr mit dem Weltgeist hat und lieber (außer in Geldangelegenheiten) ihre eigenen Wege geht, zeigt sie in den Domänen, welche in dieser kleinen Buchreihe thematisiert werden. Die Texte setzen sich zusammen aus Artikeln, die ich in den letzten Jahrzehnten geschrieben habe und die in verschiedenen Publikationen veröffentlicht wurden. Dazu kommen Zeichnungen, die ebenfalls von mir stammen und oft als Illustrationen für diese Artikel gedacht waren.

Thematisch geht es um Angelegenheiten, welche die Kinder in diesem Lande – und darüber hinaus – betreffen. Es geht um ihre Rechte und um ihre Würde. Das was mit unseren Kindern geschieht würde ich ohne Übertreibung als ein Verbrechen an der Menschlichkeit betrachten. Nicht in dem Sinne wie der Ausdruck in letzter Zeit immer häufiger angesichts der schrecklichen kriegerischen Auseinandersetzungen und humanitären Katastrophen gebraucht wird, wo Kinder Tod, Folter, Hunger und Vertreibung erleben. Hier geht es vielmehr um die Zerstörung der Persönlichkeit des Kindes auf dem Altar der sogenannten Erziehung.

Trotz der Ratifizierung der Internationalen Konvention über die Rechte des Kindes durch den Luxemburger Staat ist die Konvention immer noch nicht zufriedenstellend umgesetzt. Besonders die politischen Rechte von Kindern und Jugendlichen sowie die der benachteiligten Gruppen unter ihnen werden vernachlässigt. (Band 1)

Die Schulpolitik berücksichtigt ausschließlich die Interessen der Lehrer. Eine kindorientierte, humane Schule wurde nie aufgebaut und die schwächsten Kinder erleben täglich einen entwürdigenden und frustrierenden Alltag. (Band 2)

Jeder wundert sich darüber, dass Menschen Trump wählen, für den Brexit stimmen den Populisten auf den Leim gehen und sich wegen eines Fußballspieles den Schädel einschlagen. Eine vernünftige Medienerziehung gibt es aber in unseren Schulen nicht. Stattdessen bekommen private Trash-Sender Geld in den Hintern geblasen. (Band 3)

Trotz vieler kurzlebiger Initiativen haben es die Maßnahmen der Fremdunterbringung nie zu einem kohärenten, zukunftsfähigen Modell gebracht. Auch hier verhindern widerstreitende Interessen wirklichen Fortschritt. Desolat ist in diesem Zusammenhang die Politik der geschlossenen Unterbringung (Band 4)

Der letzte Band dieser Reihe ist Fragen der allgemeinen und der Familienpolitik gewidmet wo sich das Echternach-Syndrom auch voll auswirkt. (Band 5)

[2]

[2] Zeichnung für den Cartoon-Wettbewerb „Kiischpelter Cartoonale" 1994

Inhalt

Das Echternach Syndrom 4

Einleitung 10

JUGEND 17

Jugendhäuser in unserer Gesellschaft 17

Journée de réflexion du Réseau des Centres de Rencontre et d'Information pour Jeunes 24

Deuxième Journée de réflexion du Réseau des Centres de Rencontre et d'animation pour Jeunes 35

Autonomie : Rève ou réalité : Le pré-adulte face à sa citoyenneté 46

Les comportements violents chez certains enfants et jeunes 53

Editorial ANCE-bulletin N°62 juin 1988 70

FAMILIE 72

1994 – Internationalt Joer vun der Famill 72

1. Di oft erwäänte Kris vun der Famill gëtt et guer net. 73

2. D 'Bedeitung vun "der" Famill fir eng gesond psychesch Entwécklung vum Kand 76

3. D 'Rechter vum Kand schützen heescht d 'Famille schützen 79

GESELLSCHAFT 81

Globalisation et exclusion sociale : 81

La globalisation et l'économie mondiale 84

La globalisation et le développement technologique 88

La globalisation et l'environnement 89

La globalisation et le marché de l'emploi 92

La globalisation et la criminalité internationale 96

La globalisation et les valeurs culturelles 98

La globalisation et l'exclusion 100

La globalisation et la politique 101

La globalisation et la société civile 104

Das Geschäft mit der Angst 110

Kinderarmut in den Nachbarländern 123

1. Einleitung 123

2. Methodische Probleme bei der Beschreibung der Kinderarmut 126

3. Die CEPS-Studie und ihre Schlussfolgerungen 128

4. Armut in den verschiedenen Altersgruppen der Kinder und Jugendlichen 135

5. Studien zum Wohlbefinden der Kinder und Jugendlichen ... 136

6. Schlussfolgerung 139

SOZIALE ARBEIT IN LUXEMBURG 140

Länderbericht Luxemburg 140

Das Fehlen einer Universität mit dem Fachbereich Sozialpädagogik 144

Mangelnde Initiativen von Seiten der Einrichtungen und ihrer Organisationen 146

Mangelnde Unterstützung der NGO's 147
Mangel an Initiativen der Ministerien 149
Schlechte Gesetzgebung 150
Schlussfolgerung 151
« Theoriefeindlicher Pragmatismus » 152
Über die Schwierigkeiten einer Theoriediskussion in Luxemburg 153
Ansätze zu einer Theoriediskussion in Luxemburg 159
ANHANG 177
Enuresis, einige Überlegungen zum Thema Einnässen 177
Voyage d'études en Israël 196
Jeudi, 28 septembre 1989 196
Vendredi, 29 septembre 1989 198
Samedi, 30 septembre 1989 200
Dimanche, 1er octobre 1989 203
Lundi, 2 octobre 1989 208
Mardi, 3 octobre 1989 213
Mercredi, 4 octobre 1989 221
Jeudi, 5 octobre 1989 225
Vendredi, 6 octobre 1989 229
Samedi, 7 octobre 1989 230
INDEX 232

Publikationen von Robert Soisson..237

In eigener Sache :..245

[3]

[3] Kongress des European Forum for Child Welfare in Faro 18/19. Februar 1994

Einleitung

In diesem letzten Band der 5-teiligen Serie zum Echternach-Syndrom geht es um die Themen Jugend, Familie und Gesellschaft.

Jugend

10 Jahre lang war ich in verschiedenen Organisationen aktiv, die sich für die Verbesserung der Lage der Jugend in unserem Lande einsetzten. In Esch-sur-Alzette gab es einige Jugendliche, vor allem aus den Jugendorganisationen der Parteien, die ein selbstverwaltetes Jugendzentrum eröffnen wollten. Nach langem Zögern gaben die Verantwortlichen in der Gemeinde nach und stellten ein Haus in der Nähe der Brillschule zur Verfügung. Das Haus gehörte früher einem Bauunternehmer und hatte wunderschöne Intarsienparketts. Als jedoch die Jugendlichen mit Gipsplatten eine Mauer in der Mitte des großen Wohnzimmers aufzurichten und andere den alten Holzschreibtisch des Verantwortlichen mit einer Motorsäge durchschnitten, wurde das Projekt gestoppt. Die Idee wurde jedoch nicht aufgegeben. In der Zwischenzeit wurde eine abgespeckte Version von einem Jugendhaus in einem Appartement in der Nähe des Lycée Hubert Clement eingerichtet, das Centre de Rencontre et d'Informations pour Jeunes Esch (CRIJE). Hier wurden vor allem stinklangweilige Broschüren aus nationaler und europäischer Produktion verteilt und preiswerter Schiurlaub für bessergestellte Jugendliche vermittelt. Das konnte nicht so bleiben und bald darauf nahm ich teil an einer Arbeitsgruppe, die bereits bestehende Jugendhäuser besuchen sollte um eine Idee für Esch zu entwickeln. Wir sahen uns Einrichtungen in Bettemburg und Audun-le-Tiche auf der anderen Seite der Grenze an und diskutierten dann mit Vertretern der Gemeinde und dem Jugendministerium, das sich vorgenommen hatte, sich finanziell an dem Aufbau von Jugendhäusern zu beteiligen. Einigkeit bestand darin, dass das Jugendhaus in einem Viertel sozialem Sprengstoff, wie das Brillviertel angesiedelt werden sollte.

Bettemburg und Audun gefielen uns gut, weil das JH in stillgelegten Werkstätten eingerichtet wurde: große Räume mit vielen Gestaltungsmöglichkeiten für kreative Jugendarbeit. Weil in Esch aber ein leestehendes Haus, gleich neben dem ersten, schiffbrüchigen Jugendhauses zur Verfügung stand, wurde beschlossen das JH hier einzurichten. Bei dem „Haus" handelte es sich jedoch um die einzigartige Jugenstilvilla des Herrn Meder, die jahrelang der Gemeinde gehörte und dem Verfall überlassen wurde. Um das „historische Erbe" zu bewahren wurde auch „Sites et Monuments" eingeschaltet und damit war der Traum von einem den Bedürfnissen der Jugendlichen angepasstem Zentrum ausgeträumt. Die Gemeinde gewann auf zwei Ebenen: Einmal wurde ein historisch wertvolles Gebäude auf Staatskosten saniert und die Betriebskosten wurden zur Hälfte vom Staat übernommen.

Rückblickend nach über 20 Jahren, kann ich nicht behaupten, das Escher JH sei ein Misserfolg gewesen. Dank der engagierten Erzieher und vor allem ihre freiwilligen jugendlichen Helfer konnten alle zusammen das Beste aus der Situation herausschlagen. Im Verwaltungsrat mussten wir zu Beginn alle Aufgaben – selbstverständlich in unserer Freizeit – übernehmen. Wie in allen asbl. musste die Arbeit von ein paar Leuten erledigt werden, die meisten Vorstandsmitglieder glänzten regelmäßig durch Abwesenheit und Desinteresse. Bald musste ein Leiter des JH eingestellt werden und die daraus resultierenden buchhalterischen Aufgaben konnten nicht mehr von einer Person erledigt werden, die zudem keine entsprechende Ausbildung hatte.

Parallel dazu versuchte das Jugendministerium – ja so etwas gab es einmal – unter Minister Bodry neue Initiativen im Bereich der Jugendpolitik zu entwickeln. Die Erweiterung der Zahl von JH im ganzen Land, neue Formen der Beteiligung von Jugendlichen im öffentlichen Leben und die Organisation eines Netzwerkes der JH wurden geplant. So stieg die Zahl der JH ständig, ein Netzwerk mit Sekretariat und einer Halbtagskraft für die Buchhaltung wurde eingerichtet. Eine Delegation von Jugendlichen und Jugendpolitikern fuhr nach Schiltigheim ins Elsass, wo der erste Jugendgemeinderat Europas gegründet wurde. Projekte für die Schaffung ähnlicher Strukturen hierzulande wurden heftig diskutiert bis nach der Regierungsumbildung nach den nächsten Wahlen, das Jugendministerium in das CSV-Familienministerium überführt wurde. Das führte zu dem Debakel, das ich bereits im ersten Buch dieser Serie kritisiert habe: Die Subsumierung von Kinder- und Jugendpolitik unter die Ziele einer konservativen Familienpolitik, welche das Kind nicht als eigenständiges Rechtssubjekt wahrnehmen will, führt dazu, dass es nur als willenloses Anhängsel seiner Eltern betrachtet.

Inzwischen war ich dann als Präsident des JH Esch vorgeschlagen worden die Präsidentschaft des neuen Netzwerkes zu übernehmen. Was ich dann auch annahm. Die ersten 3 Artikel dieses Bandes stammen aus dieser Zeit und verdeutlichen die Überlegungen, die 1995/96 angestellt wurden. Ein Artikel in „Forum“ und zwei Reden auf den Jahresversammlungen der JH, bei denen es uns auch immer darum ging, Erfahrungen aus dem Ausland mit in unsere Überlegungen einzubinden.

In meiner Rolle als Präsident der FICE (Fédération Internationale des Communautés Éducatives) machte ich auch das Einleitungsreferat zu einer Fachtagung der belgischen Sektion zum Thema „Autonomie: Rève ou réalité: Le pré-adulte face à sa citoyenneté“. In den französischsprachigen Ländern ist der Begriff der „Citoyenneté“, d.h. des Bürgersinns kein Fremdwort. Es geht hier nicht bloß um Rechte von Kindern und Jugendlichen, aber auch um ihre Verantwortung als angehende Erwachsene und Bürger.

Familie

1994 war des Internationale Jahr der Familie. Wie schon beim Internationalen Jahr des Kindes 1979, der Behinderten 1982 und der Jugend 1985 wurde die ANCE eingeladen, an diversen Arbeitsgruppen teilzunehmen und Aktivitäten mitzuorganisieren.

Anlässlich einer „akademischen“ Sitzung in Echternach versuchte ich die „Krise der Familie“ von der damals viel geredet und geschrieben wurde etwas zu relativisieren: Es gab nämlich eine Krise der kleinbürgerlichen Kernfamilie, sehr zum Leidwesen der konservativ-katholischen Wachmannschaften à la AFP[4]. Der Maxime: „Die Familie schützen heißt, die Rechte des Kindes schützen“ hielt ich entgegen: „Die Rechte des Kindes schützen heißt, die Familie schützen“. Dieser Paradigma-Wechsel wurde hierzulande jedoch bis heute nicht vollzogen, trotz Ombudskomitee und anderer Gremien.

Gesellschaft

Der Ausgang der Präsidentschaftswahlen 1988 in Frankreich war der Anlass, für ein Editorial im ANCE-Bulletin, der gut in den Kontext dieses Buches passt: Der Wahlerfolg des Front National stand am Anfang einer Entwicklung, die heute beängstigende Ausmaße angenommen hat. Europaweit haben die rechtsradikalen Parteien an Boden gewonnen, verstärkt durch die Parteien, die nur auf dem schwarzbraunen Morast der Europäischen „Volks“-Partei gedeihen konnten. Reaktionäre, rassistische Volksparteien überall wo man hinschaut, eng verbunden mit den Lobbys aus Industrie und Politik, denen nur eines heilig ist: Die Vermehrung ihres Profits auf Kosten der Menschen und der Natur. Die Skandale um Umweltverschandelung und Korruption reißen nicht ab. 1% der Weltbevölkerung verfügt über 50% des Reichtums und diese Entwicklung wird von Schmarotzerstaaten und Steuerparadiesen – darunter auch und besonders Luxemburg – aktiv unterstützt. Diese und andere Überlegungen inspirierten mich zu dem Referat über Globalisierung, das in diesem Buch veröffentlicht wird. Seit den Pseudo-Attentaten vom 11. September 2001 war der einzige Nutznießer die amerikanische und europäische Rüstungsindustrie. In Ermangelung eines – uns schon liebgewordenen Feindbildes – wurden nach Glasnost und Mauerfall neue Kriege angezettelt, die unsägliches Elend über die armen Leute im Nahen und Fernen Osten brachten:

---

[4] Action Familiale et Populaire

Millionen Tote, Sogenannte „Stellvertreterkriege“ überall orchestriert von Pentagon, CIA, BND und wie sie noch alle heißen. Schade, dass Russland und China auch an dem ganzen Rummel mitverdienen. Weltweit wurden noch nie so viel Waffen produziert und verkauft wie in den letzten Jahren. Trump ist die Kirsche auf dem Sahnekuchen. Wenn man beobachtet, wie die fanatischen vollgefressenen Rednecks Trump zujubeln so sehe ich keinen Unterschied mehr zwischen ihnen und den bärtigen Trottel mit ihren verschleierten Frauen, die hinter irgendeinem Ayatollah herlaufen.

In denselben Kontext gehört der Artikel über das „Geschäft mit der Angst“, der beschreibt wie die Kriegsgewinnler die Menschheit in Atem halten um den nächsten Krieg vorzubereiten, sowie der Artikel über Kinderarmut in Luxemburg, den ich für das Buch von Jörg Fischer und Roland Merten: ”Armut und soziale Ausgrenzung von Kindern und Jugendlichen” geschrieben habe. Hier wird wiederum deutlich, wie die Schere zwischen Arm und Reich nicht nur hierzulande auseinandergeht und die Kinder der Armen den Preis für den Wohlstand der Reichen bezahlen.

Soziale Arbeit

Die beiden Artikel in diesem Abschnitt gehen zurück auf eine Initiative von Hans G. Homfeldt und Katrin Brandhorst von der Uni Trier, einen Vergleich der Systeme sozialer Arbeit in der Groβregion in zwei Seminaren zu wagen. Ich wurde gebeten, die Lage in Luxemburg zu beschreiben. Ich stellte fest, dass es hier keine Theoriediskussion und keine Auseinandersetzung mit der Praxis im Alltag gibt und darüber hinaus eine Art “splendid Isolation”-Mentalität die ich als “theoriefeindlichen Pragmatismus” bezeichnete, eine Haltung, die typisch ist für die Arroganz und Selbstgefälligkeit des gehobenen Managements im Sozialbereich.

Das Thema der geschlossenen Unterbringung führt immer wieder zu Diskussionen in der Branche. Ich habe es bereits im vierten. und im ersten Band angesprochen und es scheint als wäre in all den

Jahren überhaupt nicht geschehen. Erst kürzlich wurde bekannt, dass trotz der Fertigstellung der "Unité de Sécurité" immer noch Jugendliche im Erwachsenengefängnis von Schrassig "untergebracht" werden. An wem liegt das? Es müssen ja Jugendrichter ihre Unterschrift unter ein Einweisungsbescheid setzen. Die müssten ja die internationale und nationale Gesetzgebung kennen. Es ist der Beweis dafür, dass diese Leute sich einen Dreck um die Kinderrechte scheren. In alle den Jahren, in denen ich mich für ihre Umsetzung eingesetzt habe kam es immer wieder vor, dass sich die Richter querlegten: In Einzelfällen (bei Vorschlägen für Alternativen zur Heimeinweisung), bei Gesetzesvorschlägen (z.B. beim ORK), bei öffentlichen Diskussionen und thematischen Versanstaltungen, wo sie immer mit dem Hinweis auf ihren Status als 3. Gewalt die Teilnahme verweigerten. Mit diesen arroganten und reaktionären Leuten wird es keinen Fortschritt in Sachen Kinderrechte geben.Das ORK ist überhaupt nicht in der Lage sich dagegen zu wehren und der konsensualistische Trend wird unter Schlechter kaum besser.

Anhang

Zum Schluss noch zwei Artikel, die ich ihnen nicht vorenthalten wollte. Der Artikel über Enuresis beschreibt eine Behandlungsmethode, die auf der Lerntheorie beruht und mit der ich gute Resultate bei Kindern hatte, die wegen dieser Problematik in Esch in die schulpsychologische Beratungsstelle kamen. Noch immer geistern psychoanalytische Theorien als Erklärungsparadigma um das Thema Bettnässen, die abgesehen von ihrer totalen Wirkungslosigkeit nur dazu dienen Kindern und vor allem ihren Mütter Schuldgefühle einzuimpfen.

Ein erfreulicheres Thema ist der Bericht über eine Studienreise der ANCE nach Israel im Jahre 1989 im Anschluss an einen Besuch einer Gruppe von israelischen Erziehern in Luxemburg das Jahr vorher. Trotz vieler positiver Kontakte mit den israelischen Kollegen war die Spannung, die überall herrschte deutlich zu spüren. Fast 30 Jahre danach hat sich kaum etwas geändert in Israel. Der religiöse Fanatismus gewinnt an Boden und die liberale und weltoffene Minderheit in diesem Land kann sich kaum ausdrücken, die Friedensbewegung wird unterdrückt.

[5]

[5] Heute würde ich schreiben: „Ich habe mit Kreide auf den Bürgersteig gemalt!"

JUGEND

Jugendhäuser in unserer Gesellschaft

„Forum“ Dezember 1995

Selbstverständnis des « Réseau des Centres d’Information, de Rencontre et d’Animation pour Jeunes »

Wir leben in einer Zeit, in der vieles den Bach runtergeht. Ich meine damit die sozialen Errungenschaften der aktiven Bevölkerung und die sozialen Netzwerke, in denen die Kinder bislang aufgewachsen sind: die Familie, das Viertel, das Dorf und die Stadt. Zahlreiche Familien zerfallen, durch Migration werden Kinder von ihren Großeltern und anderen Mitgliedern der erweiterten Familie getrennt. Soziologen aller europäischen Länder stellen fest, dass wir uns immer mehr auf eine Zwei-Drittel-Gesellschaft zu bewegen. Einerseits leben zwei Drittel der Menschen in unseren Ländern mit einem relativ hohen Lebensstandard und auf der anderen Seite entwickelt sich eine Klasse von Menschen, die immer mehr ins Elend und ins gesellschaftliche Abseits gedrängt werden. Auch wenn in unserem Land die Auswirkungen dieser Entwicklung noch nicht so deutlich spürbar sind, so sind doch Anzeichen erkennbar.

Das sich langsam neu entwickelnde Proletariat ist Opfer von Arbeitslosigkeit, zunehmender Armut, Überverschuldung und sozialer Ausgrenzung. Einerseits das Wissen, dass trotz eigener Anstrengungen aus diesem Elend kaum herauszukommen ist, und andererseits die gelebte Erfahrung von gesellschaftlicher und ökonomischer Ausgrenzung liefern den idealen Nährboden für eine “no-future”-

Mentalität und fördern das Aufkommen von reaktionären und rassistischen Ideologien.

Besonders betroffen von dieser Entwicklung ist ein Großteil unserer Jugendlichen, für die es praktisch unmöglich ist, aus dem Teufelskreis von Armut und sozialer Ausgrenzung herauszukommen. Bei einigen von ihnen scheint ein Unheil das andere heraufzubeschwören: Ein Elternhaus, das oft durch Streit und Trennung gekennzeichnet ist, mit wenigen materiellen Ressourcen, Ablehnung durch die Nachbarschaft und die Spielkameraden, Versagen in der Schule, Schwierigkeiten, bei außerschulischen Aktivitäten bei der Stange zu bleiben, Erfahrungen mit Pflegefamilien und Heimplanierung, keine Berufsausbildung usw.

Unsere Gesellschaft verhält sich wie die drei Affen: Sie hört nichts, sie sieht nichts und sie sagt nichts. Jugendliche sind noch immer kaum ein Thema für die Politik, in der Familie und in der Schule werden sie sich selbst überlassen. Pass dich an oder du fliegst!

Draußen sind sie dem Konsumterror der Unterhaltungsindustrie ausgesetzt, die als einzige dem Jugendlichen eine gewisse Bedeutung beimisst: als Konsument. Die Schule, die für viele Kinder die einzige Möglichkeit darstellt eine gewisse Aufstiegschance zu ergattern, unterstützt auf ihre Art die soziale Ausgrenzung: Kinder mit Leistungsschwächen werden mit überalterten Unterrichtsmethoden erniedrigt, zurückgesetzt und lächerlich gemacht. Die Medien sind unfähig, den Jugendlichen kritische Informationen zu vermitteln sowie Ratschläge bei der Lebensbewältigung zu erteilen: Auch sie vermitteln nur das Bild vom hirnlosen Konsumenten. Die Parteien, die Gewerkschaften und andere Vereine beklagen sich über den Mangel an Interesse bei der Jugend für ihre Aktivitäten. Dabei sollten sie mal einen kritischen Blick auf ihr eigenes Angebot werfen.

Das Bild des Jugendlichen wird noch immer durch eine erwachsenenzentrierte Betrachtungsweise bestimmt, die sowohl das Kind als auch den Jugendlichen in Psychologie und Pädagogik als noch nicht "fertiges" Wesen, als noch unbeschriebenes Blatt auffasst, auf dein der Erwachsene seine Prägungen hinterlässt, im guten wie im schlechten Sinne. Erziehung wird damit definiert als ein Machtverhältnis von einem Überlegenen zu einem Unterlegenen, einem Starken zu einem Schwachen. Beispiele für wissenschaftliche Studien, die versuchen herauszufinden, was Kinder und Jugendliche wirklich denken, fühlen und wollen, sind selten. Die Rolle des Kindes soll am Anfang des dritten Jahrtausends neu bestimmt werden; das Kind (und damit meine ich natürlich auch den Jugendlichen) soll als Rechtssubjekt aufgefasst werden. Auch wenn Kinder scheinbar viele Rechte haben, besonders in unseren postmodernen Gesellschaften, so gibt es doch noch viele Bereiche, wo die Stellung des Kindes noch drastisch verbessert werden muss. Das ist jedenfalls der Grundtenor der UN-Konvention über die Rechte der Kinder, die inzwischen von fast allen Ländern ratifiziert wurde.

Claude Lapointe in: Le Monde

Professor Verhellen, Experte dieser Konvention, unterscheidet drei Anwendungsbereiche: Schutz (Protection), Dienstleistungen (Provision) und Beteiligung (Participation). Auch wenn die beiden ersten Bereiche in unseren westlichen Ländern in hohem Maße abgedeckt sind, so gibt es doch einen hohen Nachholbedarf im letzten Bereich, dem der Beteiligung.

Nach Auffassung des Netzwerks der Jugendhausbetreiber können unsere Einrichtungen hier eine wichtige Rolle spielen.

Die Jugendhäuser sind eine relativ neue Erscheinung in unserer Gesellschaft. Nach ein paar erfolglosen Experimenten mit selbstverwalteten Jugendhäusern in den 70erJahren sind Mitte der 80erJahre, teilweise mit europäischen Geldern, die sog. “Centres Informations Jeunes” entstanden, die sich bei Neugründungen aber schnell weitere Attribute zugelegten, nämlich “Rencontres” und “Animation”.

In der europäischen Politik ist es leider noch immer so, dass der Mensch erst einen Wert hat, wenn er arbeitet. Bis Maastricht interessierte sich die europäische Politik für die Menschen ausschließlich in ihrer Rolle als Arbeitskraft und alle auf den Sozialsektor bezogenen Programme, die mit europäischen Geldern finanziert wurden, mussten in irgendeiner Weise etwas mit der Vermarktung der Arbeitskraft zu tun haben. (Die Bestimmungen von Maastricht, z.B. die uneingeschränkte Mobilität der Arbeitskräfte und Waren, haben natürlich auch starke Auswirkungen auf die Lebensbedingungen von Kindern und jungen Leuten. Zurzeit wird von europäischen NGO’s ein “Action Programme for Children” vorbereitet, das sich mit den Auswirkungen des Maastrichter Vertrags auf die Kinder befasst.) Auch die luxemburgischen “Centres Informations Jeunes” waren zunächst gedacht, um die Qualifikation unserer Jugendlichen auf dem Arbeitsmarkt zu verbessern durch bessere Information über Aus-und Weiterbildungsmöglichkeiten.

Die Entwicklung der letzten Jahre hat gezeigt, dass diese Aufgabe nicht die Hauptaktivität unserer Zentren sein kann. Die Jugendlichen, die unsere Zentren aufsuchen, wollen mehr: Sie wollen einen Platz, wo sie sich treffen und unterhalten können, wo sie gemeinsame Unternehmungen starten können, etwas trinken, spielen oder einfach nur ausspannen.

Wie jeder Bereich unserer Gesellschaft, der sich entwickelt, entstehen auch hier neue Strukturen. Die Animateure der Zentren hatten schon die Gewohnheit ausgebildet, sich untereinander zu treffen, um ihre Probleme zu besprechen, als ein ähnliches Bedürfnis bei den Trägergesellschaften entstand. Die Jugendhäuser werden fast alle getragen von einer ASBL, die die Funktion des "gestionnaire" erfüllt. Der Verwaltungsrat der ASBL ist zuständig für die Organisation und den tagtäglichen Betrieb der Häuser. Der Staat und die Gemeinde teilen sich die Betriebskosten. Eine Prüfkommission aus Vertretern des Staats, der Gemeinde sowie der ASBL überwacht die Verwendung der zur Verfügung gestellten Gelder. Das klingt so als wäre alles in Butter, in der Praxis stellen sich jedoch zahlreiche Probleme, die nicht auf der Ebene dieser Gremien zu lösen sind.

Als 1993 das "Réseau" der Betreiber gegründet wurde, war seine vornehmliche Sorge die kollektivvertragliche Absicherung der Animateure. Diese wurde realisiert durch den Beitritt zur "Entente des Gestionnaires des Centres d 'Accueil" (EGCA), die mit den zuständigen Ministerien Kollektivverträge abgeschlossen bat. Hierdurch wird es den Animateuren ermöglicht, den Arbeitsplatz innerhalb des sozialpädagogischen Sektors zu wechseln ohne Verlust ihrer Rechte. Es ist nämlich schlecht vorstellbar, dass ein Animateur bis zum Rentenalter von 65 Jahren in einem Jugendzentrum arbeitet. Es müssen also sinnvolle Übergänge bestehen, dies uni so mehr, wo die Arbeit in den Jungendzentren ziemlich nervenaufreibend ist.

Neben dieser wichtigen arbeitsrechtlichen Frage hat das Netzwerk aber auch versucht eine Reihe von praktischen Fragen zu lösen, so z.B. erfolgte der Abschluss einer Casco-Versicherung für unsere Animateure, wenn sie ihren Wagen dienstlich nutzen; die rückwirkende Anrechnung der "allocation repas" für die Jahre 92 und 93 ist über unser Netzwerk erledigt worden. Vor den letzten Parlamentswahlen hatten wir Gespräche mit den großen Parteien angefragt und sind von LSAP, CSV und DP empfangen worden, um unsere Ideen vorzutragen. Auch die Entschädigungen für die jungen ehrenamtlichen Helfer der Animateure wurden endgültig festgelegt.

Worauf wir besonders stolz sind, ist die Tatsache, dass das Netzwerk als Herausgeber der zweiten Auflage des Kompendiums "Jeunes, vos droits et devoirs" fungiert. Dieses Nachschlagwerk ist unter der Leitung von Jos Bewer entstanden und stellt eine wertvolle Hilfe dar für alle Jugendlichen sowie für all diejenigen, die sich mit Jugendlichen befassen.

Als Netzwerk unterstützen wir auch eine Reihe von Forderungen unserer Animateure, ohne damit aber unsere Rollen vermischen zu wollen. Es geht uns dabei um die Sache. Obwohl wir bisher auf einer Wellenlänge gelegen haben, könnte ich mir vorstellen, dass wir nicht immer und zu jeder Frage mit unseren Animateuren einer Meinung sein werden. Das wird sich aber noch zeigen. Dem Jugendministerium haben wir uns als Gesprächspartner angeboten und hatten auch schon angenehme und aufschlussreiche Gespräche mit Madame Delvaux und ihrem Nachfolger, Herrn Bodry.

In diesen Gesprächen haben wir die Hauptforderungen des Netzwerks dargelegt:

1. Eine Jugendpolitik, die den Bedürfnissen der Jugend und besonders der benachteiligten Jugendlichen entspricht.
2. Die Aufstellung eines Fünfjahresplanes, der die Entwicklung im Bereich der Jugendhäuser finanziell absichert.
3. Die Einführung von Kriterien bei der Eröffnung von neuen Häusern.
4. Der Personalausbau in den Häusern (zwei Erzieher pro Haus).
5. Die Ausarbeitung eines neuen Finanzierungsmodus usw.

Es ist schön, wenn Gemeinde und Staat zusammenarbeiten, wie in unserem Fall. Was geschieht aber, wenn beispielsweise einer der Partner die bestehende Struktur ausbauen will und der andere zieht nicht mit? Es ist eine Tatsache, dass die Personal kosten den Löwenanteil der Betriebskosten darstellen und ich finde, die müsste der Staat übernehmen. Was sind schon 24 Animateure im Vergleich zu 2400 Lehrern und Profs? Das ist meine persönliche Meinung und in den

Verhandlungen mit dem Ministerium muss ausgelotet werden, was möglich ist.

Ich will jetzt nicht die allgemeinen Ziele der Jugendpolitik definieren, aber ich möchte doch ein paar Ideen einbringen, die der Arbeit unserer Jugendhäuser förderlich wären. Es wäre gut, wenn die Jugendlichen in den Gemeinden schon mit 16 Jahren mitwählen dürften; wenn es ständige Vertretungen von Jugendlichen gäbe wie die Jugendkommission, die mit mehr Macht ausgestattet würden, um ihren Einfluss auf kommunalpolitische Entscheidungsprozesse geltend zu machen. So könnte man sich auch kommunale Jungenddienststellen vorstellen, die ihre Aufgabe nicht nur im Organisieren von Discos sehen würden.

[6]

[6] Zeichnung für die Erzeherzeitung (EZ); 1972

Journée de réflexion du Réseau des Centres de Rencontre et d'Information pour Jeunes

Larochette 30 janvier 1995

Här Minister Bodry,

Léif Éieregäscht, léif Kollegen an Frënn

Wa mer haut mat esou enger onerwaart grousser Bedeelegung di éischt "Journée de réflexion" vum Réseau vun de Jugendhaiser erëffne kënnen, dann ass dat ee Beweis fir d'Aktualitéit an d 'Drénglechkeet vun deenen Problemer, di haut ugeschwat ginn.

Mier liewen an enger Zäit wou villes an d'Waasser fält wat eis léif an erhalenswäert war. Domat mengen ech net déi Saachen déi a muenchem Keller en Affer vum Héichwaasser gi sinn. Si kann een ersetzen. Mä domat mengen ech déi sozial Errongenschaften vun eiser aktiver Bevëlkerung di méi wie jee a Gefor sinn an di sozial Netzwierker, an deenen d 'Kanner bis ewell grouss gi sinn: D 'Famill, de Quartier, d 'Duerf an d' Stad. Vill Familien zerfalen, duerch d'Migratioun ginn Kanner getrennt vun hiren Grousselteren an den aneren Memberen vun der erweiderter Famill. Soziologen aus allen europäesche Länner stellen ausserdeem fest, dass mer eis ëmmer méi a Richtung vun enger 2/3 Gesellschaft entwéckelen. 2/3 vun de Leit an eise Länner hunn e relativ héijen Liewensstandard, ma op der anerer Säit entwéckelt sech eng Klass vu Leit, déi ëmmer méi an de Misär eragedréckt ginn. Och wann hei zu Lëtzebuerg d'Auswierkungen vun dëser Entwécklung nach net esou spierbar sinn ewéi an eisen Nopeschlänner, da geet et dach däitlech Unzeechen dofir.

Dat neit Proletariat, wat sech lues a lues entwéckelt, ass Affer vun Aarbechtslosegkeet, zouhuelender Aarmut, Iwwerverschëldung a sozialer Ausgrenzung. D 'Wëssen op der enger Säit, dass een aus eegener Ustrengung souzesoen ni aus sengem Misär erauskomme kann an di gelieften Realitéit vu sozialer an ekonomescher Marginaliséierung op der anerer Säit sinn de idealen Nährbuedem fir eng "no-future" Mentalitéit an förderen d 'Opkommen vun reaktionären a rassisteschen Ideologien.

Besonnesch betraff vun dëser Entwécklung ass e groussen Deel vun eise Jugendlechen, fir déi et praktesch onméiglech ass, aus dem Däiwelskrees vun Aarmut an sozialer Ausgrenzung erauszekommen. Bei hinnen kënnt eent bei d 'anert: En Elterenhaus, wat oft duerch Streit an Trennung gezeechent ass, mat ganz wéinegen materiellen Ressourcen, Oflcenung duerch d 'Noperschaft an d'Spillkomeroden, Versoen an der Schoul, Problemer, fir bei ausserschouleschen Aktivitéiten bei der Staang ze bleiwen, Erfarongen mat Fleegefamillen an Heim-Placementer, keng Beruffsausbildung asw.

Eis Gesellschaft setzt do wéi di dräi Afen: Si héiert näischt, si gesäit näischt, an si seet näischt. Jugendlecher sinn praktesch nach ëmmer keen Thema fir d 'Politik, an der Famill an och an der Schoul ginn se sech selwer iwwerlooss: Pass dech un oder du flitts! Dobaussen sinn se dem Konsumterror vun der Ënnerhalungsindustrie ausgesat, di als eenzeg dem Jugendlechen eng gewëssen Bedeitung bäimoosst: als Konsument. D 'Schoul, fir vill Kanner di eenzeg Méiglechkeet, eng kleng Chance fir e sozialen Opstig ze kréien, ënnerstëtzt op hir Manéier d 'sozial Ausgrenzung: Kanner mat Leeschtungsproblemer ginn mat Unterrechtsmethoden vun Anno Tubak ernidderegt, duergeheit a lächerlech gemaach. D 'Medien bréngen et net fäerdeg, de Jugendlechen kritesch Informatiounen ze vermëttelen an hinnen Rotschléi bei hirer Liewensbewältegung ze ginn: Och hei d 'Bild vum bedéngungslosen, hiramputéierten Konsument. D 'Parteien, d 'Gewerkschaften an aner Veräiner bekloen sech iwwert de Mangel un Interesse bei der Jugend fir hir Aktivitéiten. Dobäi wier et awer gutt, wann se emol e kritesche Bléck op hiert eegent Ugebuert géifen geheien.

D 'Bild vum Jugendlechen gëtt nach ëmmer bestëmmt duerch eng erwuessenenzentréiert Betruechtungsweis, di souwuel d 'Kand wéi och den Jugendlechen an Psychologie an Pädagogik als eppes gesäit, wat nach net "fäerdeg" ass, als en onbeschriwwent Blat, wou den Erwuessenen seng Marken hannerléisst, am gudde wéi am schlechte Sënn. Erzéiung ass domat definéiert als eng Muechtbezéiung vum Iwwerleeënen zum Ënnerleeënen, vum Staarken zum Schwaachen. D 'Beispiller aus der Wëssenschaft si rar wou probéiert ginn ass, erauszefannen, wat d 'Kand an de Jugendlechen wierklech denken, fillen a wëllen. Dem Kand seng Roll soll um Ufank vum drëtten Joerdausend nei definéiert ginn; d 'Kand (an domat mengen ech natierlech och de Jugendlechen) soll als Rechtssubjekt begraff ginn. Och wann d 'Kanner scheinbar vill Rechter hunn, besonnesch an eisen postmodernen Gesellschaften, sou gëtt et ganz vill Beräicher, wou d 'Stellung vum Kand nach drastesch verbessert ka ginn. Dat ass op alle Fall de Grondtoun vun der UN-Konventioun iwwert d 'Rechter vun de Kanner, déi an tëschent vun bal allen Länner ratifizéiert ginn ass.

De Professer Verhellen, Spezialist vun der Konventioun, gesäit dräi Beräicher, wou si soll ugewannt ginn: Schutz (Protection), Déngschtleeschtungen (Provisioun) an Bedeelegung (Participatioun). Wann di zwee éischt Beräicher an eise westleche Länner an engem zimlech héije Moss ofgedeckt sinn, dann hunn mer an deem leschten Beräich, nämlech der Participatioun, nach villes opzehuelen.

No der Opfaassung vum Réseau vun de Jugendhaiser kënnen eis Zentren hei eng wichteg Roll spillen.

D 'Jugendhaiser sinn eng relativ rezent Erscheinung an eiser Gesellschaft. No e puer erfolleglosen Experimenter an den 70er Joren mat selbstverwalteten Jugendhaiser sinn Mëtt der 80er Joren, deelweis mat europäeschen Gelder, di sougenannten "Centres Informations Jeunes" entstanen, déi sech bei Neigrënnungen awer séier nach aner Attributer ginn hunn, nämlech "Rencontres" an "Animatioun".

An der europäescher Politik ass et leider nach ëmmer esou, dass de Mënsch eréischt eppes wäert ass wann e schafft. Bis Maastricht huet sech europäesch Politik dofir och ausschliisslech um Mënsch a senger Roll als Aarbechtskraaft interesséiert an all Programmer am Sozialsektor, di mat europäeschen Gelder subventionéiert gi sinn haten vun no oder vu weit ëmmer eppes mat der Vermaartung vun der Aarbechtskraaft ze dinn. (D 'Bestëmmungen vun Maastricht selwer, z.B. di onageschränkten Mobilitéit vu Aarbechtskräften an Wueren, hunn natierlech och grouss Auswierkungen op d'Existenzbedingungen vu Kanner a jonke Leit; zur Zäit gëtt vun europäeschen NGO´s en "Action Programme for Children" virbereet, dat sech mat den Auswierkungen vum Vertrag op Kanner befaasst). Och eis CIJ waren am Ufank geduecht fir d 'Qualifikatioun vun eise Jugendlechen um Aarbechtsmaart ze verbesseren duerch eng besser Informatioun iwwer Aus- a Weiderbildungsméiglechkeeten.

D 'Entwécklung an deenen leschten Joren huet awer gewisen, dass des Missioun net Haaptaktivitéit vun eise Zentren si kann. Di Jugendlech, di an eis Zentren kommen, wëlle méi: Si wëllen eng Plaz, wou si sech kennen treffen, mateneen diskutéieren, Saachen kennen zesummen ënnerhuelen, eppes drénken, spillen, oder och einfach ausspanen.

Wéi an all Beräich vun eiser Gesellschaft, den sech entwéckelt, entstinn nei Strukturen. D 'Animateuren aus de Zentren haten schonn d 'Gewunnecht, sech ze treffen, fir hir Problemer ënnereneen ze diskutéieren wéi datselwecht Bedierfnis sech och bei den Trägergesellschaften bemierkbar gemaach huet.

Wéi der wësst, huet praktesch all Jugendhaus seng a.s.b.l., di d 'Funktioun vum "gestionnaire" erfëllt. De conseil d'administration vun der asbl ass verantwortlech fir d 'Organisatioun an den deeglechen Fonctionnement vun den Haiser. De Staat an d 'Gemengen deelen sech d 'Käschten vum Fonctionnement. Eng "Commission de Surveillance", zesummegesat aus Vertrieder vun Staat, Gemeng an asbl iwwerwaacht d'Verwendung vun den investéierten Gelder. Dat klengt ewéi wann alles am Botter wär, mä an der Praxis stellen sech vill Problemer, di net op dem doten Niveau geléist kenne ginn.

Wei virun zwee Joer (1993) de "Réseau" gegrënnt ginn ass, war eis éischt Suerg, fir d'Aarbechtssituatioun vun eisen Animateuren kollektivvertraglech ofzesécheren. Dat hu mer realiséiert, andeem mer der Entente des Gestionnaires des Centres d'Accueil (EGCA) bäigetratt sinn, déi mat deenen verantwortleche Ministèren Kollektivverträg ofgeschloss huet. Domat hunn eis Animateuren d 'Méiglechkeet kritt, am sozial-erzéiereschen Secteur d 'Plaz ze wiesselen, ouni hir Rechter ze verléieren. Ech kann mer z.B. schlecht virstellen, dass en Animateur bis 65 Joer an engem Jugendhaus schafft. Mir mussen eis elo schonn dermat offannen, dass eis Leit net éiweg bleiwen an sënnvoll Iwergangsméiglechkeeten erliichteren; dëst ëmsou méi wéi d 'Aarbecht an den Zentren zimlech un d 'Nerven geet.

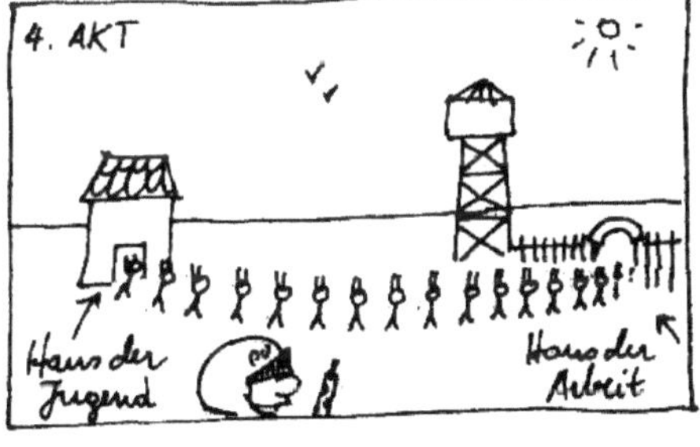

Erzieherzeitung 1972

Nieft dëser wichteger Fro huet de Réseau awer och eng Partie praktesch Froen versicht ze léisen: Z.B. den Ofschloss vun enger Kasko-Versécherung fir eis Animateuren, wann si mat hiren Ween déngschtlech ënnerwee sinn. Di réckwierkend Urechnung vun der "allocation repas" fir d 'Joren 92 an 93 ass iwwert de Réseau erleedegt ginn nodeem Subsiden ugefrot goufen fir déi Zentren, di dat néidegt Geld dofir net méi haten.

Virun de Chamberwahlen hate mer Gespréicher mat de groussen Parteien ugefrot an mer sinn vun LSAP, CSV an DP empfaange ginn fir eis Iddien virzedroen. Och d 'Indemnitéiten fir di jonk Leit, di eisen Animateuren ënnert d 'Äerm gräifen, goufen e fir allemol festgeluecht. Eppes wou mer besonnesch houfreg sinn ass d'Tatsaach, dass (Zeechnung:

mer als Réseau den Éditeur vun der zweeter Versioun vum Guide vun de Rechter a Flichten vun de Jugendlechen konnte ginn. Dësen Guide ass ënnert der Regie vum Bewesch Jos entstanen an ass eng wäertvoll Hëllef fir all Jugendlechen, mä awer och fir di leit aus dem Secteur, di sech mat Jugendlechen befaassen.

Als Réseau ënnerstëtzen mir och eng Partie Fuerderungen vun eisen Animateuren, ouni domat awer wëllen eis Rollen ze vermëschen. Eis geet et em d 'Saach. Obschonn mer bis elo op enger Wellelängt leien, kennt ech mer denken, dass mer net an alle Froen mat eisen Animateuren eens sinn. Dat muss sech awer eréischt erausstellen. Mir hunn eis als Gespréichspartner dem Ministère de la Jeunesse ugebueden an haten schoun ganz flott Gespréicher mat der Mme Delvaux an hirem Nofolger, dem Här Bodry.

An dësen Gespréicher hunn mir d 'Haaptfuerderungen vum Réseau duergeluecht:

1. Eng Jugendpolitik, di de Bedierfnisser vun eiser Jugend, a besonnesch deenen benodeelegten Jugendlechen entsprécht
2. D 'Opstellen vun engem Fënnefjoresplang, den d 'Objektiver am Beräich Jugendhaiser finanziell ofséchert
3. D 'Aféieren vu Kritären beim Opmaachen vun neien Jugendhaiser
4. Den Ausbau vum Personal an den Haiser (zwee Erzéier pro Haus)
5. D'Ausaarbechten vun engem neien Finanzéierungsmodell asw.

Esou ass et z.B. ganz flott, wa Gemengen a Staat zesummeschaffen, wéi et an eisem Fall geschitt. Mä wat geschitt, wann ee vun de Partner d 'Strukturen well ausbauen, an deen aneren geet net mat? Mäert haten schonn esou e Fall. Et ass eng Tatsaach, dass de Léiwenundeel vun de Betribskäschten vun den Haiser d'Personalkäschten sinn. Ech fannen perséinlech, dass des Käschten ganz gutt vum Staat kënnten iwwerholl ginn. Wat stellen 24 Animateuren duer am Vergläich mat 2400 Proffen a

Schoulmeeschteren... Mä dat ass eng perséinlech Meenung an eis Verhandlungen mam Ministère mussen erweisen wat méiglech ass.

Et ass net eis Missioun haut an hei, fir iwwer di allgemeng Zieler vun der Jugendpolitik ze diskutéieren. Dat kéint en Thema fir eng nächst "Journée de réflexion" sinn. Trotzdem well ech hei verschidden Iddien an d 'Gespréich bréngen, di der Aarbecht vun eise Jugendhaiser entgéint kéimen: Esou wär et schéin, wa Jugendlecher an hire Gemengen schonn mat 16 Joer kéinten mat wiele goen. Well d' Walen awer e formalen Akt sinn, kéint en sech och virstellen, dass et permanent Vertriedungen vu Jugendlechen wéi d'Jugendkommissiounen géif, déi mat méi Muecht ausgestatt géifen ginn, fir hiren Afloss op kommunalpolitesch Entscheedungsprozesser geltend ze maachen. Genau esou kéint een sech kommunal Jugenddéngschter virstellen, deenen hir Missioun awer net nëmmen doran besteet, Discoen ze organiséieren.

D 'Organisatioun vun dëser Journée ass eng Folleg aus den Diskussiounen, di mier am Réseau gefouert hunn. Zwou Saachen si fir eis kloer: Éischtens wëlle mier keng Politik maachen ouni di Betraffen zu Wuert kommen ze loossen, zweetens wëlle mir bei allem wat mier maachen net dat aus den Aen verléieren, wat am Ausland geschitt. Dachs genuch gëtt gesot, dass mir hei zu Lëtzebuerg ëmmer zwanzeg Joer hannert dem Ausland zeréck sinn. Abee, dat wëlle mer eis wat d 'Jugendhaiser ubelaangt net soen loossen! Ech sinn dofir frou, fir net manner ewéi féier Vertrieder aus dem Ausland hei begréissen ze kennen:

Den Här Jean-Marie Bergeret, Soziolog vu Paräis, deen eis eng allgemeng Aféierung an den Thema vun dëser Journée gëtt;

den Här Lucien Barel, de President vun der "Fédération belge des Maisons et Centres de Jeunes", deen d 'Situatioun an eisem Nopeschland beschreift;

den Här Christian Lucie vun der Fédération des Maisons de Jeunes et de la Culture vun Nanzeg, den d 'Situatioun aus eisem franséischen Grenzgebitt analyséiert

an den Här Wolfgang Gleim vum Jugendamt Tréier, den dat selwecht fir eis däitsch Grenzregioun presentéiert

No hiren Virträg ass d 'Réi un eisem Frënd Nico Meisch vum SNJ, deen sech scho vill Gedanken iwwert d 'Jugendpolitik a speziell iwwert d 'Roll vun de Jugendhaiser gemaach huet.

Nom Mëttegiessen hu mer dann d' Geleeënheet, fir zesumme mat de Referenten an dräi Aarbechtsgruppen iwwert dat wat gesot an net gesot gouf ze diskutéieren. Ech hoffen dass des Diskussiounen lieweg an ureegungsräich fir iech alleguer sinn, dass se den Ufank vun neien Kontakter an neien Formen vun Zesummenaarbecht am Interesse vun eise Kanner an Jugendlechen sinn.

E ganz spezielle Merci dann awer och un d 'Dominique Schlechter vum "Forum", eng Zäitschrëft, di ech hei net speziell brauch virzestellen, mä däeren Verdengschter een net genuch kann ervirsträichen fir en engagéierten, gutt dokumentéierten an parteionofhängegen Journalismus. Ech si besonnesch frou, dass d 'Redaktioun vum Forum bereet ass, eventuell aus Ulass vun dëser Konferenz en Dossier "Jugendpolitik" an enger nächster Nummer ze veröffentlechen.

Ech sinn frou, dass sech esou vill Leit vun der Organisatioun vun dëser "Journée" ugesprach gefillt hunn. Dat ass de Beweis, dass e Bedierfnis no Zesummenaarbecht an Nodenken am Beräich vun der Jugendaarbecht besteet. Ech sinn och frou, dass eise Minister sech esou vill Zäit geholl huet, fir de Konferenzen an Diskussiounen bäizewunnen. Dat ass e gutt Zeechen fir d 'Zesummenaarbecht an den nächste Joren. Ech sinn awer och frou, dass sech esou vill Leit aus de Jugendkommissiounen, der Parteijugend, aus den asbl an aus de

Gewerkschaften fir des Journée ugemellt hunn. Si weisen domat, dass si un globalen an inhaltlechen Aspekter vun der Jugendaarbecht interesséiert sinn, an net nëmmen eesäiteg administrativ, politesch oder gewerkschaftlech Interessen vertriede wëllen.

E spezielle Merci un de Bewesch Jos, deen sech em di organisatoresch Aspekter vun dëser Journée bekëmmert huet an iech herno nach e puer praktesch Informatiounen iwwert hiren Verlaf wäert ginn.

E Merci och un d 'Gemeng Fiels an hiren Buergermeeschter, déi eis des flott Raimlechkeeten zur Verfügung gestallt hunn an doriwwer eraus eis als Ofschloss vun dëser Journée nach en Éierewäin an Aussicht gestallt hunn.

Ech wënschen iech all en interessanten an ureegungsräichen Dag!

[7]

[7] Zeichnung für : Jeunes, vos Droits et Devoirs ; 2002

Deuxième Journée de réflexion du Réseau des Centres de Rencontre et d'animation pour Jeunes

Larochette, 13 mai 1996

Monsieur le Ministre,
Mesdames, messieurs,
Chers collègues et amis

Permettez-moi de vous souhaiter une cordiale bienvenue à l'occasion de la 2e journée de réflexion du « Réseau » dans l'accueillante ville de Larochette. Je vous remercie d'être encore une fois d'être venus si nombreux. Ceci témoigne d'une part de l'intérêt que vous portez aux questions de fond de notre politique en faveur de la jeunesse et d'autre part, ceci exprime un réel besoin en matière de réflexion et de discussion.

Permettez-moi de souhaiter la bienvenue spécialement à nos intervenants d'aujourd'hui et à nos amis belges qui participent à notre journée de réflexion et lui confèrent par là un véritable caractère international. Eux aussi ils travaillent avec des jeunes en difficulté dans la région liégeoise et j'espère qu'à cette occasion, un échange d'idées peut se faire dans les groupes de travail de l'après-midi et pendant les rencontres informelles.

La première journée de réflexion a eu lieu en janvier 1995. Avec 62 participants, notre deuxième journée a même dépassé le nombre de participants de la première journée d'une unité! L'année passée, nous avions invité Dominique Schlechter de la revue « forum » pour observer notre séminaire, modérer la table ronde et le cas échéant, utiliser les textes des interventions pour constituer la base d'un dossier sur la politique de la jeunesse au Luxembourg. Ce numéro spécial est paru vers la fin de l'année 1995 et je profite de l'occasion pour remercier encore une fois l'équipe du "forum" pour cet excellent dossier, qui a porté vers un public large et averti les discussions menées à cet endroit.

Si le thème de notre première journée de réflexion était: « Les centres de rencontre, d'animation et d'information pour jeunes: rôle et perspectives », nous avons essayé cette fois-ci d'entrer un peu plus dans la réflexion sur certains aspects du travail proprement dit.

Ceci ne veut pas dire que la discussion sur le rôle et les perspectives de développement des centres se soit terminée. Loin de là! Je pense plutôt que ces thèmes doivent rester un sujet permanent de discussions controversées pour garantir ainsi la souplesse de l'outil que constituent les centres dans l'intérêt d'une politique en faveur de notre jeunesse.

Quels sont les progrès et les problèmes enregistrés depuis notre dernière journée?

En tant que président du réseau, je voudrais remercier aujourd'hui le ministère de la Jeunesse et spécialement M. le ministre Alex Bodry pour la bonne ambiance dans laquelle ont eu lieu nos contacts et l'esprit ouvert des responsables pour les revendications du réseau.

En janvier 1995, j'avais résumé à cet endroit les cinq principales revendications du réseau:

1. Une politique s'orientant aux besoins de la jeunesse et spécialement aux besoins des jeunes en difficulté
2. L'établissement d'un plan quinquennal pour définir les objectifs financiers dans le cadre du développement des centres
3. L'introduction de critères pour la création d'un nouveau centre
4. L'engagement de personnel supplémentaire dans les centres (deux éducateurs par centre)
5. L'établissement d'un nouveau mode de financement

Dans l'ensemble, je constate que le ministère a très largement intégré ces revendications dans ses démarches, et je tiens à remercier Monsieur le Ministre et ses collaborateurs pour cette ouverture d'esprit.

Ad 1) : Une initiative intéressante a été présentée récemment par deux députés socialistes dans la chambre des députés visant à autoriser le droit de vote à partir de l'âge de 16 ans. On peut penser du droit de vote ce qu'on veut, mais cette initiative traduit bien l'état d'esprit de décideurs politiques et de professionnels en contact avec la jeunesse. En effet, depuis le vote de la Convention Internationale sur les Droits de l'Enfant par les Nations Unies en 1989, les discussions au niveau national et international tournent surtout autour de la question de la participation active et responsable des jeunes dans toutes les décisions les concernant.

Dans ce contexte, le droit de vote à 16 ans n'est certes que la pointe de l'iceberg. C'est plutôt un geste symbolique qui montre que le monde adulte est prêt à réviser l'image traditionnelle du jeune comme un adulte en développement en faveur d'une conception de l'enfant et du jeune comme sujet de droit, comme une génération ayant ses propres opinions et modes d'expression, sa propre créativité et originalité qui doivent être respectées et stimulées.

Aujourd'hui, malheureusement, l'image des jeunes dans l'opinion publique adulte et dans les médias est ternie par des préjugés. Souvent la jeunesse est décrite comme violente, paresseuse, sans perspective d'avenir. Je cite :

« La jeunesse d'aujourd'hui est pourrie jusqu'aux os, elle est méchante, paresseuse et ne croit pas en dieu. Elle ne sera jamais comme les générations précédentes et elle ne réussira jamais à préserver notre culture ». Cette citation n'est pas tirée d'un quotidien luxembourgeois mais on la trouve - pourvu qu'on soit capable de la déchiffrer - sur une plaque d'argile babylonienne âgée de plus de 3000 ans ! (Watzlawik ; Lösungen - Zur Theorie und Praxis menschlichen Wandels).

Dans ce contexte, je félicite le ministère pour sa volonté de soutenir la création de conseils communaux d'enfants et de jeunes visant à sensibiliser les enfants et les jeunes pour les problèmes de la politique communale, de les mettre en rapport avec les services communaux et de leur donner les moyens d'intervenir activement dans des processus de décision les concernant. La visite de la commune de Schilitgheim en Alsace, la première ville de France ayant créé un conseil communal d'enfants, est un premier pas dans cette direction.

A notre avis, le ministère pourrait également soutenir la création de « services jeunesse » comme il en existe déjà un à Luxembourg-ville afin d'éviter que les centres ne doivent assurer des prestations qui pourraient être délivrées par de tels services.

Mais il reste beaucoup à faire. Il faut penser à renforcer les droits des enfants et des jeunes dans les endroits où ils vivent : La famille, l'école, les associations. Je connais beaucoup de cas, où les droits des enfants formulés dans la Convention sont violés d'une manière flagrante dans le cercle familial, dans l'école, dans les associations. Informer les enfants sur leurs droits, leur donner les moyens de se défendre, tels pourraient être des objectifs d'une politique en faveur de la jeunesse.

A l'étranger, suite à la ratification de la Convention, de multiples expériences visant à développer la participation d'enfants et de jeunes se développent. J'aimerais encourager le ministère à écouter attentivement ce qui se passe et de voir si les expériences faites à l'étranger sont transmissibles au Luxembourg.

Le Luxembourg détient beaucoup de records internationaux : Le plus haut niveau de vie, le plus haut taux de consommation d'alcool, le plus haut taux d'échecs scolaires. Une suggestion : Pourquoi ne pas être un pays pilote en matière de réalisation des droits de l'enfant. Il n'est jamais trop tard pour bien faire.

[8]

Ad 2) Mais revenons aux problèmes qui nous collent sur la peau : Je suis très content que le ministère s'est rallié à notre proposition et s'est décidé d'établir un plan quinquennal pour consolider la situation des centres existants et assurer l'évolution du réseau. Ce plan se traduit

[8] Zeichnung für : Jeunes, vos Droits et Devoirs. 2002

sous forme de prévisions budgétaires et de développement géographique des centres.

Dans ce contexte, le ministère se trouve sous une double pression : D'une part le réseau, qui demande un développement équilibré et harmonieux des structures en mettant l'accent sur le renforcement des centres existants en personnel et d'autre part le désir de certaines communes, de créer de nouveaux centres. Comme l'enveloppe budgétaire est limitée, le ministère est confronté à des choix difficiles : Le « Réseau » se trouve devant le même dilemme. D'une part, nous saluons toutes les initiatives visant la création de nouveaux centres, d'autre part, nous regrettons le fait qu'il n'y a que très peu de possibilités pour développer les centres existants ayant une clientèle stable et des activités croissantes.

Depuis notre première journée de réflexion, le nombre de centres conventionnés a augmenté de quatre unités au nombre total de seize (Dudelange, Roeser, Sanem et Uelzechtdall).

J'espère que notre ministre trouvera les moyens financiers pour soutenir la croissance rapide des centres. Je sais qu'au niveau gouvernemental, il faut définir des priorités mais dans le contexte actuel, je pense que d'avantage d'investissements pour la jeunesse garantiront le développement et la paix sociale dans notre pays.

Une seconde revendication du « Réseau » dans ce contexte est sur le point de se réaliser. En effet, le « Réseau » avait demandé au ministère la signature d'une convention pour mieux jouer son rôle. Une première entrevue sur un texte proposé par le ministère a eu lieu et avec l'accord de l'inspection des finances, cette convention sera signée en cours d'année. Les tâches du réseau ont été définies comme suit:

- « Représenter les intérêts communs des membres associés vis à vis de tiers.
- Collaborer étroitement avec le ministère de la Jeunesse en ce qui concerne le développement du réseau des centres de rencontre, d'animation et d'information.

- Collaborer étroitement avec le Service National de la Jeunesse, notamment dans les domaines de l'information, de la formation, de l'animation et de la prévention.
- Participer à l'élaboration, l'introduction et la supervision de directives et procédures communes relatives à la gestion du personnel et des finances.
- Assurer la coordination et la coopération entre les centres de rencontre, d'information et d'animation, notamment :
- En établissant et en maintenant un contact étroit entre les associés et en
- Favorisant l'échange d'expériences et d'information entre les différents centres,
- En aidant à développer des projets communs sans but lucratif dans l'intérêt des jeunes »

Le ministère considère également que le réseau jouera un rôle important comme interlocuteur lors de l'élaboration du nouveau contrat collectif.

Ad 3) En ce qui concerne l'introduction de critères pour la création d'un nouveau centre, on a également fait des progrès : Bien qu'on ne puisse pas encore parler d'un catalogue complet, il faut que les a.s.b.l. désirant installer un centre admettent les conditions d'une convention réglant les relations entre ministère, commune et a.s.b.l. La plupart des centres existants fonctionnent sur la base d'une telle convention mais bien des questions restent encore à régler.

Ainsi, une partie des centres fonctionnent encore avec des enseignants détachés de leurs écoles respectives. Leurs conditions de travail diffèrent de celles des éducateurs engagés sur la base de la convention décrite plus haut. Il y a également de grandes différences entre l'équipement en matériel et en locaux entre les différents centres ainsi que leur style de travail. Bien qu'il faille tenir compte des différences « régionales » - si on peut parler ainsi dans notre petit pays - le réseau voit une des priorités dans la création d'endroits de rencontre informels plutôt que de bureaux d'information et de voyages.

Ad 4) Dans le plan quinquennal, le ministère a essayé de planifier le développement en personnel des différents centres. Une revendication du « Réseau » et des animateurs a été en partie reconnue dans ce plan, à savoir l'introduction d'un deuxième poste d'éducateur dans les centres existants. Malheureusement, la bonne volonté du ministère se heurte parfois à la dure réalité des finances communales, ce qui nous amène au point suivant.

Ad 5) En ce moment, la création de nouveaux centres et l'élargissement des centres existants dépend entièrement de la capacité financière des communes, et bien sûr, du ministère. Paradoxalement, les communes du bassin minier sont dans une situation financière peu enviable et c'est pourtant là où le besoin est le plus grand.

Si un partenaire veut investir plus dans son centre, il n'est pas dit que l'autre partenaire le suive. Ainsi les partenaires (Etat et communes) peuvent se bloquer mutuellement. Dans le comité du « Réseau », nous travaillons sur le développement d'un modèle de financement alternatif, d'ailleurs difficile à trouver.

Dès que la convention entre le ministère et le « Réseau » entrera en vigueur, elle nous permettra d'engager une personne ou deux personnes à mi- tâche qui auraient pour mission de soutenir les centres qui en font la demande dans l'accomplissement de certaines tâches administratives (gestion financière p. ex.) et de développer des projets communs en collaboration avec le Service National de la Jeunesse.

Le Service National de la Jeunesse vient d'ailleurs d'ouvrir sa « home-page » sur Internet. J'étais heureux d'apprendre que le ministère envisage de donner aux centres les moyens de familiariser les jeunes avec les nouveaux médias interactifs et qu'en même temps, les vieux ordinateurs de certains centres seront remplacés avec du matériel récent, facilitant ainsi également la gestion financière.

Le ministère a également reconnu le « Réseau » comme partenaire en lui proposant d'envoyer un délégué au « Conseil Supérieur de la Jeunesse » qui avait récemment une réunion traitant des points importants tels que la construction d'une salle de concert pour la musique « rock », l'abaissement de l'âge minimum relatif au droit de vote, le service volontaire etc.

Le travail dans les centres étant un phénomène récent au Luxembourg, il faut veiller à ce que les animateurs des maisons de jeunes reçoivent l'occasion de se rencontrer et de compléter leurs connaissances en formation continue. Si cette journée de réflexion en constitue un élément, il est évident qu'elle ne peut pas combler les besoins existants. Les besoins en formation varient d'un centre à l'autre : Ainsi le problème de la prévention contre les toxicomanies peut être prioritaire pour le centre de Differdange mais d'une importance moindre pour le centre de Grevenmacher. J'encourage donc les centres qui ont les mêmes besoins en formation continue de s'associer en petits groupes et de définir, voir organiser eux-mêmes leurs formations.

Le « Réseau » entretient un contact régulier avec les animateurs des centres qui se rencontrent souvent pour discuter les problèmes qui se posent dans l'exercice de leur profession. Les éducateurs ont ainsi été associés à la préparation de cette journée de réflexion qui portera sur trois thèmes :

1) Le travail en milieu ouvert (travail de quartier) pour mettre en évidence les rapports entre les centres et leur milieu environnant. Pour vous présenter ce thème, j'ai invité Pedro Vega, conseiller au Service d'Aide à la Jeunesse à Liège. En effet, les centres se trouvent vite intégrés dans les structures existantes au niveau régional et communal. Les jeunes qui les fréquentent ont des demandes très diverses par rapport aux centres et les éducateurs qui y travaillent ont des vues également très divergentes sur la nature de leur travail. Un mot qui revient régulièrement dans les discussions est le terme « travail social préventif ». C'est ainsi que beaucoup d'éducateurs dans nos centres perçoivent leur tâche. En est-il ainsi ? Qui prévient quoi avec quels moyens ? Quel est l'avis des jeunes qui fréquentent les centres ? En termes plus généraux : Quel est la position d'une maison de jeunes dans le contexte des interventions d'autres professionnels dans le domaine de la jeunesse ? J'ai demandé à Pedro Vega, qui connaît bien la situation liégeoise de nous parler un

peu de ce qui se passe à ce niveau dans et autour de la ville de Liège. Dans la documentation qui vous a été remise, vous trouverez un article de Pedro Véga sur le thème du jeune face à sa citoyenneté. Pour animer les débats, je vous prie également de lire l'article « La prévention spécialisée » tiré de « Lien Social » que vous trouverez également dans votre documentation.

2) La prévention des toxicomanies est certainement un des éléments essentiels d'une politique de prévention spécialisée ou de travail social préventif. Plusieurs de nos centres ont été confrontés récemment avec le problème des drogues et surtout avec des interventions policières peu délicates. Quel doit être le comportement de l'éducateur face à ce problème ? Dans quelle mesure peut-il soutenir les efforts des services compétents agissant déjà sur le terrain ou demander leur soutien ? J'espère que ma collègue Thérèse Michaelis pourra répondre à ces questions. Thérèse connaît bien le milieu des jeunes. Elle était pendant de longues années conseiller à la direction du Centre de Psychologie et d'Orientation Scolaire où elle avait pour mission la coordination des Services de Psychologie et d'Orientation Scolaire. Depuis deux ans, elle est la directrice du Service de la Prévention contre les Toxicomanies. A ce sujet vous trouverez également un article de Klaus Hurrelmann dans votre documentation.

3) Dans le travail quotidien, des problèmes relationnels graves peuvent se poser à l'éducateur : Que faire, si un jeune vous avoue qu'il consomme ou qu'il trafique des drogues ? Que faire, si vous êtes confrontés à des jeunes délinquants, des jeunes appartenant à des groupements extrémistes et violents ? En tant que professionnels responsables pour tous les jeunes qui fréquentent les centres, êtes vous autorisés à faire un choix, à refuser certains jeunes ? Tout dépend bien sûr de vos capacités d'agir sur le plan relationnel, d'intégrer plutôt que d'exclure, d'écouter plutôt que de juger. La relation de confiance entre l'éducateur et le jeune est donc un thème important pour le travail socio-éducatif. Je suis moi-même curieux

d'entendre ce que Ghislain Verstraete, assistant scientifique à l'université de Gand va nous dire à ce sujet.

Avant de donner la parole à Pedro Vega, je tiens encore à remercier le ministère de la Jeunesse pour son appui lors de l'organisation de cette journée de réflexion ; M. Jos Bewer, qui comme l'année précédente a eu droit à la part du lion lors de la préparation de cette manifestation ainsi que la commune de Larochette et son bourgmestre pour son hospitalité et la gentillesse avec laquelle elle nous a accueilli dans ce beau cadre.

Robert Soisson
Président du Réseau

[9]

[9] Jeunes, vos droits et devoirs

Autonomie : Rève ou réalité : Le pré-adulte face à sa citoyenneté

Séminaire d'experts de la FICE
Bruxelles, vendredi 25 mai 1995

Madame Françoise Mulkay, représentante de Mme. La Premier Ministre
Monsieur le Président
Chers collègues et amis

La FICE a choisi Bruxelles pour organiser son premier Conseil Fédéral de cette année, et cela pour deux raisons : D'abord le nom de Bruxelles est symbolique pour la politique d'intégration Européenne. Etant une organisation internationale créée il y a 47 ans au village d'enfants Pestalozzi à Trogen en Suisse, les membres de la FICE n'ont jamais aimé les douanes. Etant obligés de voyager souvent pour mettre en place une politique d'aide à l'enfance et la jeunesse défavorisée, ils ont passés leurs plus désagréables moments devant, dans et derrière ces forteresses de la cupidité de l'homme et de son égoïsme. Etant une organisation profondément attachée aux droits de l'homme et à l'idée de la paix mondiale, nous nous réjouissons de toute initiative nous rapprochant de notre idéal d'un monde cosmopolite et fraternel. Il faut dire que le Bénélux, et particulièrement entre la Belgique et le Luxembourg, les postes de frontière avaient été supprimés il y a bientôt 20 ans, sauf sur deux où trois routes principales. Chaque fois que je passe les postes de frontière désaffectés à 120 à l'heure, j'ai quand même une tendre pensée à ces hommes qui faisaient transpirer des millions de voyageurs anxieux d'être accusés de contrebande pour les 10 paquets de cigarettes qu'ils avaient cachés avec audace dans la doublure du siège. Fini la peur, fini les mensonges. Malheureusement, dans l'esprit des hommes, et surtout des décideurs politiques, les frontières existent encore dans leurs têtes. La défense des privilèges est encore un des premiers objectifs de beaucoup d'entre eux et la solidarité internationale est un mot qu'ils détestent. Le marché unique et la libre circulation des personnes vont probablement - du moins dans un premier temps - nourrir les égoïsmes nationaux et pousser beaucoup de citoyens dans les bras des démagogues de droite. La FICE restera vigilante. En donnant son appui critique à une politique d'intégration européenne, elle essayera de jouer son rôle de messager de la paix en mobilisant les enfants et les jeunes qui sont confiés aux milliers d'institutions et d'associations dans plus de 20 pays contre les idées nationalistes, racistes et xénophobes.

[10]

Une deuxième raison pour venir à Bruxelles est de rendre hommage à la section belge - ou plutôt francophone - de la FICE, son infatigable président d'honneur, Edmond Pierard et ses sympathiques collaborateurs. L'ANCE belge était une des premières sections

[10] Coseil Fédéral de la FICE le 25 mai 1995 à Bruxelles

nationales créées dans la FICE. Implantée surtout dans la région de Charleroi, elle a connu des phases d'activités intensives et des phases plus calmes. Elle a donné deux présidents à la FICE : René DeCooman, qui était également son mécène, et Raoul Wetzbuger, qui est décédé récemment. En Belgique se tenaient trois congrès internationaux de la FICE (Charleroi 1949 ; Courcelles 1955 et à Klemskerke 1969) et de nombreuses réunions de travail du Conseil Fédéral et d'autres organes de la FICE. Avec Edmond Pierard, l'ANCE a redémarré. Dans un temps très bref, il a réussi à rassembler autour de lui plus de 100 institutions et services, formant le noyau de la nouvelle ANCE. A lui et à ses collaborateurs, au nouveau président et au nouveau comité toutes nos félicitations et nos meilleurs voeux pour l'avenir.

Aujourd'hui, on parle des jeunes, surtout des jeunes au seuil de l'âge adulte, trop jeunes pour prendre en main leur sort et trop âgés pour ignorer que la vie ne sera pas facile pour beaucoup d'entre eux. Ces jeunes, il faut les intégrer dans notre société, il faut les encourager à définir leur rôle, accepter leur citoyenneté. Pour cela, il faut avoir une image de ce que représente cette société et en tant qu'adultes, professionnels dans le social ou décideurs politiques. Il ne faut pas abandonner ces jeunes à leur sort dès qu'ils auront atteint l'âge adulte, mais il faut lutter pour mettre en place des mécanismes qui les aient à devenir des citoyens responsables et critiques dans la société qui les accueille.

Effectivement, nous vivons dans une société qui traverse une triple crise du lien social, du sens et de l'emploi, comme l'a constaté Jean-Baptiste DE FOUCAULD, commissaire au plan en France, lors de l'assemblée générale des Organisations Internationales Non Gouvernementales dotées du statut consultatif auprès du Conseil de l'Europe. Le sens que l'on donne à la vie, le lien social accepté et l'activité qui donne à l'homme sa place dans la société sont les trois critères essentiels de cohésion sociale. "La société n'est jamais un paradis radieux, mais il est rare d'avoir trois crises de cette ampleur en même temps." (P.5). Les exclus sont seuls ; il n'y a pas de combat social qui s'organise spontanément autour d'eux. Les tentations de repli sont grandes.

[11]

Jean-Baptiste DE FOUCAULT insiste sur la nécessité de réagir face à cette triple crise sur cinq niveaux différents et vous verrez sans doute le lien avec le thème qui nous intéresse aujourdh'hui.

---

[11] Jeunes, vos droits et devoirs

En premier lieu, il s'agit de réduire le champ de l'utilitarisme dans nos représentations. L'éducation sert bien sûr à la formation professionnelle, mais elle a également la fonction de fournir à chacun des ressources de sens. Le temps est mal géré dans nos sociétés : il est la ressource du sens, du lien social et de l'emploi. Notre logique productiviste nous amène à produire toujours plus au lieu de travailler moins. Mais il y a de plus en plus de personnes qui sont prêtes à réduire leur temps de travail et leurs revenus. Il faut organiser tout ça, trouver un nouvel équilibre entre le collectif et l'individuel, reconstruire une vision globale de la société.

En deuxième lieu, il faut chercher un nouvel équilibre entre marché libre et marché institutionellement régulé. Les sociétés postindustrielles créent l'exclusion au niveau mondial. Les marchés sont organisés autour de l'idée de la concurrence, pas assez autour de l'idée de la coopération.

[12]

[12] Séminaire d'experts de la FICE à Bruxelles le 25 mai 1995

En troisième lieu, il faut trouver la bonne liaison entre développement économique et Etat providence. La dépense publique ou sociale ne doit pas augmenter plus vite que le Produit Intérieur Brut. Il ne faut pas reporter sur les générations futures les charges actuelles. C'est un problème d'équité intergénérationnelle. Les vies de nos enfants seront plus mobiles : Des périodes de formation, de plein emploi, de chômage, de "temps choisi". DE FOUCAULT propose la création d'une "banque du temps", un genre de "caisse nationale d'aménagement du temps" qui permettrait entre autres aux actifs de prendre un congé sabbatique de temps en temps.

En quatrième lieu, il faut régulariser autrement l'accès à l'emploi : il ne faut pas laisser jouer seulement les mécanismes du marché. Une alternative serait de combiner les systèmes de régulation du marché connus avec les acteurs de la société, tels que entreprises, syndicats et ... les ONG.

En effet, DE FOUCAULT donne un **rôle important à jouer aux ONG dans le combat pour une société plus juste :** Le secteur des ONG est un secteur démocratique, qui ne refuse pas le progrès technique, ouvert et humain. Il est porteur de réenchantement et producteur de lien social. Il est complémentaire à l'Etat qui a du mal à réaliser les mêmes buts avec des subventions, des décrets et des circulaires et votre présence ici en témoigne.

En tant que ONGs, nous avons donc notre place dans la lutte pour une société plus juste et dans le combat contre la triple crise qui secoue nos sociétés postindustrielles et qui se fait particulièrement remarquer chez les jeunes. Ce combat est donc surtout une lutte contre l'exclusion dans toutes ses formes.

Je vous remercie

ANFÄNGER!
ICC GOLDPFEIL
FRANKFURT
LUXEMBURG
R. SOISSON 98

Les comportements violents chez certains enfants et jeunes

Cet article est la mise à jour d'un exposé présenté lors d'une journée d'études « Jeunes et violence – un défi pédagogique nouveau ? » organisée le 18 décembre 1966 par le Ministère de la Famille à Differdange.

En 1966, je travaillais encore comme psychologue au service Médico-Psycho-Pédagogique attaché au service de l'enseignement de la ville d'Esch-sur-Alzette, J'y observais année par année l'évolution de certains enfants considérés comme difficiles et souvent je devais assister impuissant à des évolutions pourtant prévisibles vers la violence et la délinquance.

Une étude publiée en 1966 - l'étude longitudinale expérimentale de Montréal (ÉLEM)[13] - a essayé de faire le point sur les enfants violents à l'école primaire.

L'étude de Montréal effectuée par Richard E. Tremblay de l'Université de Montréal est une étude du développement d'un large échantillon de garçons de milieux défavorisés. En 1984, les enseignants du préscolaire ont évalué le comportement de 1000 enfants à risque à l'aide d'un questionnaire. Lorsque ces enfants

---

[13] http://www.grip.umontreal.ca/fr/programme/etudes/elem.html

TREMBLAY, R. E., & DOBKIN, P. L. (1996) : Santé mentale et santé physique des jeunes adolescents de milieux socio-économiques faibles à Montréal : Une perspective longitudinale. Rapport au PNRDS Montréal : Groupe de recherche sur l'inadaptation psychosociale chez l'enfant, Université de Montréal, Université Laval & Université McGill.

avaient atteint l'âge de 10 ans, des évaluations annuelles se succédèrent jusqu'à l'âge de 16 ans. Les informations provenaient de quatre sources différentes : les enseignants, les élèves de la classe, les parents et les garçons eux-mêmes. Des sous-échantillons de garçons présentant des caractéristiques particulières furent suivis plus intensivement. Le travail sur cet échantillon se poursuit et les différentes publications sur les résulats des évaluations peuvent être consultées sur le site internet indiqué en bas de page.

Lors d'une analyse du comportement de 5000 garçons et filles de la région de Montréal, 27 % des garçons dans les quartiers défavorisés étaient considérés comme extrêmement violents contre 8% seulement des filles et 16 % des garçons dans les zones rurales. Les garçons les plus violent étaient également décrits comme hyperactifs et présentaient des problèmes d'attention. Ils proviennent le plus souvent de familles monoparentales (absence du père) et le niveau scolaire de leurs parents est faible.

Chez 8% des garçons de l'échantillon, la violence physique restait stable jusqu'à 12 ans. 80% des garçons identifiés comme agressifs au préscolaire présentent des échecs scolaires à 15 ans (redoublement(s), transferts dans des classes spéciales) contre 30% pour les enfants non-agressifs.

Les auteurs de l'étude concluent que les garçons jugés parmi les plus agressifs à un moment ou un autre avant l'école secondaire sont à très haut risque d'échec scolaire, alors que les agressifs stables n'ont à peu près aucune chance de « survie ».

A mon avis, ces résultats à eux seuls devraient nous inciter à mettre en place des services préventifs et correctifs pour ces garçons au préscolaire et au début de l'école primaire. Les agressifs stables à l'école primaire sont 9,3 fois plus à risque d'être parmi les délinquants à la pré-adolescence que les garçons qui n'ont jamais été agressifs. En principe, un garçon identifié comme agressif est également hyperactif, peu anxieux et peu altruiste.

Pour un sous-échantillon de la population examinée, l'université de Montréal a offert un entraînement aux habilités parentales aux parents. Cet entraînement a sensiblement réduit le nombre d'enfants présentant de sérieuses difficultés d'adaptation. Tremblay conclut que « pour aider ces jeunes qui se détruisent tout en semant la terreur dans nos sociétés, nous devons probablement centrer le gros de nos énergies sur la prévention dès la petite enfance. » (p. 147)

Cette étude soulève quelques questions :

1) Quels sont les facteurs qui déterminent le comportement agressif chez un enfant de moins de quatre ans ?

Si les enfants sont déjà décrits comme violents au préscolaire, les bases de ce comportement doivent forcément avoir été posées avant, c.à.d. dans la période de la naissance jusqu'à la scolarisation au préscolaire. Tremblay nous donne quelques indications : Pauvreté, milieu urbain défavorisé, familles désunies, niveau scolaire peu élevé des parents etc.

La pauvreté avec ses effets secondaires est donc à la base de la violence et de la délinquance juvénile. Le cercle vicieux, qui par le mécanisme de l'exclusion sociale a tendance à perturber une prédisposition à la violence dans ces milieux défavorisés tant chez les parents que chez les enfants peut parfois être brisé par des interventions thérapeutiques, si celles-ci respectent la différence culturelle entre les attitudes de l'intervenant et du milieu visé[14].

[14]Voir à ce sujet le livre : M. Manciaux, F. Jésus : Bientraitances - Mieux traiter familles et professionnels Fleurus (Editions) Date de parution : 20/04/2000

Beaucoup de tentatives ont ainsi échoué parce que le thérapeute a simplement essayé d'imposer ses vues à la famille à risque. Dans le cadre de tentatives essayant d'éviter des placements superflus et mal préparés d'enfants qui dérangent, des techniques mieux adaptées au problème ont été développées tel que le "Video-Home-Training".

Utilisé surtout aux Pays-Bas, au Royaume Uni et en Allemagne, le VHT donne des indications précieuses sur les mécanismes qui conduisent au comportement agressif et violent. Le VHT se limite à filmer avec le consentement des personnes responsables des interactions entre adultes et enfants dans les familles. Ces séquences sont ensuite analysées et discutées avec les familles. Les thérapeutes insistent sur les aspects positifs de l'interaction et essayent de les stimuler et de les développer. Opérant surtout dans des familles à risques et familles monoparentales, les thérapeutes ont découvert des mères fatiguées, épuisées par leur double tâche de chef de famille et de gagne pain, avec souvent une image très négative d'elles-mêmes. Ils ont rencontré des pères désabusés, victimes du chômage et en proie à l'alcoolisme.

Les interactions entre adultes et enfants étaient dominées par la nervosité, les agressions verbales, le manque de contacts visuels, la rapidité des interactions, l'utilisation fréquente de la violence corporelle. Les personnes interrogées étaient convaincues que leur manière d'agir était correcte et que de toute façon, ils n'avaient pas le choix. Ce qui montre l'importance des "constructions personnelles" (Groeben)[15] pour la détermination du comportement de chaque personne.

---

[15] Groeben, N. (1986): Handeln, Tun, Verhalten als Einheiten einer verstehend-erklärenden Psychologie. Wissenschaftstheoretischer Überblick und Programmentwurf zur Integration von Hermeneutik und Empirismus. Tübingen : Francke (477 S.)

En intervenant de la sorte sur l'interaction dans la famille, le VHT a remporté de grands succès thérapeutiques profonds et durables.

Les enfants identifiés comme problématiques au préscolaire proviennent souvent des milieux décrits plus haut et sont incapables, dans une première phase, de changer de répertoire lors qu'ils entrent dans la communauté scolaire.

En les marginalisant, en les stigmatisant, les enseignants ferment le cercle vicieux qui enferme l'enfant dans cette spirale de violence et de contre violence.

Vous connaissez certainement l'histoire de Pygmalion, le sculpteur grec, perfectionniste, qui avait créé la statue d'une femme tellement parfaite qu'il en tomba éperdument amoureux. Les dieux, en le voyant souffrir avaient pitié de lui et donnèrent la vie à cette créature sublime permettant ainsi à Pygmalion de vivre son amour. Les sociologues américains Rosenthal et Jacobson ont parlé pour la première fois en 1968 de l'effet Pygmalion dans la classe. Leur étude portait sur l'intelligence : les enfants considérés comme intelligents par les enseignants (sans égard à leur niveau intellectuel réél) finissaient par avoir de meilleurs résultats dans les tests que les enfants considérés comme moins intelligents. Il va de même pour les différents aspects du comportement : l'enseignant qui voit dans un élève un enfant agressif peut aller jusqu'à inculquer ce comportement à l'enfant par mille messages verbaux et non verbaux jusqu'au moment où l'enfant correspond tout à fait l'image que l'enseignant s'est fait de lui.[16]

Il s'ajoute que les médias donnent une image négative des jeunes : Dans un article du 12 octobre 2004 paru au « Guardian », le

[16] Voir également à ce sujet les écrits de Kurt Singer, en particulier : Die Würde des Schülers ist antastbar, Reinbeck 1998

journal parle d'une étude menée par un périodique britannique sur l'image des jeunes dans la presse ecrite : Dans la presse de boulevard à large diffusion, les « tabloids », jusqu'à 82% des articles mettent en relation les jeunes avec des activités criminelles. Même dans la presse sérieuse (« quality papers »), "32% of stories featuring young people were related to crime or antisocial behaviour. But Home Office figures show that 196 out of 10.000 boys aged 10 to 15 in England and Wales committed violent theft and or other serious offences…"

2) Quelles sont les responsabilités du monde politique et professionnel au niveau de la prévention de la violence

Je répète que la pauvreté et une éducation fragmentaire sont des facteurs qui stimulent la violence. Le monde politique est invité à prendre les mesures visant à éliminer la misère par exemple par l'allocation d'un revenu minimal garanti, le logement social, la protection sociale, les services aidant les familles les plus démunies à tous les niveaux etc.

Dans la célèbre étude High/Scope[17], menée par la Educational Research Foundation aux Etats Unis par le Dr. David Weikart, un

---

[17] A propos de High/Scope : voir l'excellent résumé sur la page web allemande : www.kindergartenpaedagogik.de
Ou encore : www.highscope.org, le site officiel du programme qui est fier de présenter les résultats du suivi des enfants qui ont maintenent atteint l'âge de 40 ans. "A landmark, long-term study of the effects of high-quality early care and education on low-income three- and four-year-olds shows that adults at age 40 who participated in a preschool program in their early years have higher earnings, are more likely to hold a job, have committed fewer crimes, and are more likely to have graduated from high school. Overall, the study documented a return to society of more than a $17 for every tax dollar invested in the early care and education program.

The High/Scope Perry Preschool study was conducted over 4 decades by the late David P. Weikart, founder of the High/Scope Educational Research Foundation; Larry Schweinhart, High/Scope's current president; and their colleagues."

échantillon d'enfants du préscolaire a été suivi depuis 30 ans par une équipe de chercheurs. Lors d'un congrès du « International Forum for Child Welfare » j'avais l'occasion de rencontrer le Dr. Weikart à Montréal en 1996, où il a présenté les derniers résultats du dépouillement des données en provenance de ces "jeunes" âgés à ce moment-là de plus de trente ans. La comparaison avec un groupe de contrôle a montré qu'un enseignement préscolaire de qualité - comme le Head Start Programme - contribue sensiblement à l'intégration réussie dans la société et diminue d'une façon notable le nombre de délits et de ruptures conjugales.

Les responsables politiques en matière d'enseignement doivent donc veiller à ce que cet enseignement préscolaire soit ouvert à tous et au monde extérieur, orienté vers la créativité et la collaboration entre élèves et non réduit au simple niveau d'une garderie.

Ici au Luxembourg, l'école est malheureusement une source permanente de conflits dans la famille. L'orientation exclusive vers les soi disantes "bonnes notes" empêchent les enfants de se sentir à l'aise. L'alliance malsaine entre parents ambitieux et enseignants exigeants crée une atmosphère de haine et de concurrence au lieu de stimuler l'amitié et la collaboration.

En 1966, où j'avais écrit cet article, j'étais impressionné par les manifestations d'élèves du secondaire qui montraient bien qu'il y avait un profond malaise dans notre école et que celle-ci devait être repensée de fond en comble. Encore aujourd'hui et en fait depuis très longtemps, je suis persuadé que les méthodes inchangées depuis un siècle ne correspondent plus aux besoins des jeunes et contribuent aussi à une atmosphère de ras-le-bol et de violence sous-jacente. L'idée de base de notre enseignement, l'apprentissage de faits isolés dans toutes les branches- le bourrage de crâne comme disent d'aucuns - ne correspond absolument plus à la réalité du monde extérieur. Les élèves le savent et le disent tout haut. Mais comme ils ne disposent pas de structures qui leur permettent efficacement de se faire entendre, les soubresauts occasionnels altèrent avec de longues périodes de résignation et de défaitisme.

Lors de la présentation de mon exposé, je signalais que la Convention Internationale sur les Droits de l'Enfant pourrait être un outil valable pour faire bouger les choses. J'avais parlé de l'exemple d'un conseil d'établissement dans une école primaire au Royaume Uni qui est composé de deux enseignants, deux parents d'élèves, du directeur et de dix enfants qui ont le droit de vote comme les adultes. J'avais noté qu'il faut avoir du courage pour réaliser de tels projets, courage qui ferait défaut dans notre pays parce que les adultes ont peur des enfants. J'avais demandé à l'assistance si elle savait quelles étaient les premières mesures demandées par les enfants dans ce conseil d'établissement ? Non, ce n'étaient pas la démission du directeur, ni le remplacement du corps enseignant... Ils voulaient avoir des clefs sur les portes des toilettes et un tennis de table dans le préau.

Depuis, dix ans ont passé et encore une fois il ne s'est strictment rien passé dans nos écoles. A part quelques réformettes qui n'allaient même pas nécessairement dans la bonne direction, une réforme globale n'a pas été envisagée et il a fallu qu'une organisation ultralibérale comme l'OCDE a montré le Luxembourg du doigt pour que quelques fonctionnaires du Ministère entament le dur processus du passage entre le sommeil profond et un état d'éveil marqué par l'ingratitude et la méfiance. Faire de ces gens-là des agents du changement est aussi difficile que de changer de l'eau en vin.

En même temps, on constate l'existence d'une croyance quasi masochiste dans une chimère définie communément comme « la violence à l'école ». Partant de faits divers plus ou moins éloignés et isolés (Columbine, Erfurt), les défenseurs d'un Etat fort et d'une répression préventive de toute envie de donner une baffe à son voisin de banc ne cessent de demander des détecteurs de métal à l'entrée des garderies et des courts martiales pour ces délinquants en Pampers.

L'ironie veut que la plupart des cas de violence entre écoliers sur lesquels se basent ces défenseurs de la loi et de l'ordre se passent ou se sont passés en dehors de l'école, souvent dans des endroits créés par des urbanistes diplômés universitaires comme le centre Aldringen.

Comme dans ce dossier de « Forum » il y a d'autres articles qui traitent le sujet de la violence, je voudrais préciser ma position sur cette question sans entre dans le détail :

Il y a cinq formes de violences à l'école :

1. la violence contre les objets
2. la violence entre élèves
3. la violence d'élèves contre les enseignants
4. la violence des enseignants contre les élèves
5. la violence institutionnelle

1) La violence contre les objets

Le vandalisme, moins fréquent dans notre pays que dans les grandes agglomérations et leurs „quartiers chauds“ ne peut être évité qu'en responsabilisant les élèves en créant des structures de participation démocratiques et en créant des écoles qui ressemblent moins à des casernes qu'à des lieux de vie accueillants et agréables. Il faut également investir plus dans l'entretien pour éviter l'effet « boule de neige ».

2) La violence entre élèves

Comme je viens de le dire, cette violence se passe souvent en dehors de l'école ou dans des endroits mal ou non surveillés. Nous ne disposons pas de chiffres fiables indiquant une augmentation de la violence dans les écoles. L'étude européenne « Violence in schools » a bien démontré que dans aucun pays européen, on constate une augmentation d'actes violents. Le rapport autrichien parle d'une

« Wandersage », un mythe qui apparaît là ou un fait divers le fait émerger. Ni les statistiques des polices (plaintes), ni celles des établissements d'assurances (demandes de dédommagement) ni les études scientifiques sérieuses ne justifient l'argument d'un climat de violence accru à l'école.

3) La violence d'élèves contre les enseignants

Inexistante parmi les enfants, la violence contre enseignants se traduit parfois par des évènements tragiques allant jusqu'au meurtre commis par des jeunes souvent avec les armes de leurs parents. Là encore il s'agit de cas rarissimes qui sont malheureusement gonflés par le presse de boulevard pour démontrer que le monde et le gouvernement au pouvoir sont pourris et qu'il faut appliquer une politique de « tolérance 0 » pour remédier à cette situation intenable.

4) La violence des enseignants contre les élèves

Cette forme de violence est malheureusement beaucoup plus fréquente que l'inverse. Au cours des années, elle a revêtu dans la majorité des cas la forme d'une violence psychique (cynisme, remarques désobligeantes ou dégradantes etc.)

4.1) La violence psychique

Sans entrer dans les détails. Je renvoie aux travaux du professeur Kurt Singer qui a déjà été à Luxembourg à plusieurs reprises pour parler de la manière dons sont amoindris et démotivés les élèves par certains enseignants. Singer ne veut pas seulement être accusateur, il veut également montrer la voir pour un respect mutuel entre élèves et enseignants.[18]

---

[18] Kurt Singer: Die Würde des Schülers ist antastbar; Rowohlt, Hamburg 1998
Kurt Singer: Wenn Lehrer Kinder seelisch verletzen, Aktion Humane Schule, München 2000

4.2) La violence physique

Bien que la violence physique envers les élèves soit défendue depuis 1845, on constate qu'il y a toujours des enseignants qui se croient autorisés à « corriger* des enfants, parfois même avec le support des parents de ces derniers. Devant les tribunaux, ces personnes sont toujours condamnées mais il est regrettable qu'elles trouvent dans une première phase presque toujours l'appui de leurs syndicats et de leurs supérieurs.

4.3) Abus sexuel

L'affaire de l'instituteur pédophile de Bissen a montré comment son entourage a essayé de banaliser l'affaire et des rumeurs disent que les conditions de détention de ce personnage ne sont pas draconiennes. Dans l'affaire de l'enseignent pédophile alsacien de Cormeilles, « le Monde » s'étonne du silence du Ministère de l'Education Nationale.

5) La violence institutionnelle

Cette forme de violence est immanente aux structures du système scolaire. Je suis d'avis que depuis l'introduction de l'obligation scolaire, les structures de l'enseignement ont été adaptées d'avantage aux besoins des enseignants qu'aux besoins des enfants. Le malaise dans nos écoles (augmentation du nombre d'enfants troublés du comportement, des enfants avec des difficultés d'apprentissage etc.) montre que l'école n'est plus adaptée à l'évolution du monde extérieur. La solution de facilité consiste à chercher les coupables chez les enfants et leurs parents. Mais les conditions de vie des parents, la pauvreté, le manque d'espace vital, l'influence des médias produisent un type d'enfants radicalement différent de l'élève modèle idolâtré par l'école. Le gouffre culturel entre enseignants et enfants à risque n'a jamais été si profond. S'y ajoutent d'autres signes de la violence institutionnelle :

- Le manque de différenciation : mêmes programmes pour enfants très différents
- Avancement par année, redoublements
- Systèmes d'évaluation préhistoriques
- Pas de participation des élèves dans le fonctionnement de l'école
- Bâtiments scolaires inadaptés (« Quadratisch, unpraktisch, schlecht »)
- Pas de formation continue obligatoire et régulière pour les enseignants
- Agenda secret (Heimlicher Lehrplan – hidden agenda) : concurrence et individualisme au lieu de solidarité et coopération, soumission au lieu de courage civil etc.

“L’imagination au pouvoir !”. C’est ce qui était marqué sur les murs de Paris lors des révoltes d’étudiants de mai 68. Cette imagination nous fait défaut. Pour empêcher les enfants de s’exprimer d’une façon violente, il faut les associer aux processus de décision et pas seulement à la manière d’un Rousseau, qui conseillait à ses lecteurs de créer l’illusion de la liberté pour ne dominer que d’une manière plus parfaite encore leurs élèves.

3) Quels sont les facteurs qui maintiennent un climat de violence

Le nom de “Rambo” est devenu un synonyme pour la violence stupide et brutale. Dès sa création, la psychologie s’est penchée sur le problème de la violence. Les expériences d’Albert Bandura[19] suggèrent que le comportement agressif est appris par imitation. Dans ses études classiques, un groupe d’enfants a regardé un film montrant un personnage violent qui détruisait le matériel qui se trouvait dans la chambre. D’autres enfants regardaient le même personnage dans des situations non-violentes différentes. Laissés seuls dans une chambre identique à celle vue dans le film, les enfants qui avaient vu le personnage violent commençaient également à détruire le matériel, ce qui n’était pas le cas chez les autres.

D’où la conclusion qu’un modèle agressif provoque le même comportement chez les enfants. D’où la conclusion qu’il faut éviter tout abus de consommation de violence au cinéma, à la télé et même dans les livres ou bandes dessinées. Mais qu’est-ce qui fascine jeunes et adultes dans la violence. Neuf films sur 10 sont violents. Le professeur Manfed Spitzer, directeur du « Transferzentrum für Neurowissenschaften und Lernen » à l’université d’Ulm a dit dans une émission radiophonique au SWR2 le dimanche 27 février 2005 sur la « pollution médiatique » : « Un enfant de 18 ans aux Etats-Unis a été à l’école pendant 13.000 heures en moyenne. En même temps, il a passé

---

[19] Albert Bandura: Social Learning Through Imitation, University of Nebraska Press, 1962; Description de experience; http://arbeitsblaetter.stangl-taller.at/LERNEN/Modelllernen.shtml

25.000 heures devant la télé et a assisté au moins à 32.000 assassinats et 200.000 actes violents »[20]. Les bandes dessinées, les dessins animés, les livres “à consommation courante”: Que de la violence. Est-ce l’effet cathartique tant cité ? La fuite de la réalité morose, de l’ennui ? Le goût de l’aventure, les fantasmes d’omnipuissance ? Sommes-nous prédisposés à la violence ? Eprouvons-nous du plaisir en étant violents ? Eros et Thanatos, Sex and Crime …

La controverse autour du livre d’un auteur américain sur le rôle des “gens ordinaires” lors de l’Holocauste qui a récemment ébranlé l’Allemagne me rappelle les expériences de Stanley Milgram[21] aux Etats-Unis devenues célèbres suite à un film sur l’assassinat de John F. Kennedy. Dans le livre sur l’holocauste, son auteur prétend que les Allemands savaient bien ce qui se passait dans les camps de concentration et qu’ils appuyaient cette politique. De là le peu de résistance face à ces massacres. Les expériences de Milgram donnent une explication. Dans un design expérimental truqué, les participants étaient invités à administrer des décharges électriques à un cobaye humain qui lorsqu’il donnait une fausse réponse à une question posée par Milgram, faisait semblant de subir l’effet d’une décharge. Au fur et à mesure que l’expérience progressait, les participants avaient la consigne d’augmenter l’intensité des décharges électriques. Leur unique point de référence était le psychologue qui conduisait l’expérience et qui disait calmement que les décharges étaient sans conséquences graves sur le cobaye. Malgré les cris déchirants du cobaye, la majorité des participants à cette expérience auraient carrément tué le cobaye par l’intensité des décharges administrées. Milgram concluait que les participants à son expérience acceptaient dans leur majorité l’autorité du directeur de l’expérience sans réfléchir sur les conséquences de leurs actes.

---

[20] Manuscrit de l’émission, traduit par R.S.

[21] Stanley Milgram : Obedience to Authority, 1974; Description de l’expérience: http://home.swbell.net/revscat/perilsOfObedience.html

Cette conclusion pessimiste rejoint un peu ce que les sociologues et philosophes allemands émigrés pendant la guerre comme Adorno, Horkheimer ou Fromm ont écrit sur la psychologie de masse de leurs compatriotes sous Hitler.

L'histoire est une succession de guerres et de massacres. Les plus récents en Bosnie-Herzégovine, au Rwanda et en Iraq ont été particulièrement meurtriers et cruels. Des gens qui vivaient pendant de longues années ensemble se sont soudainement remis à s'entre-tuer d'une façon atroce qui semble dépasser les limites de l'imaginable. Face à la présence réelle de la violence - présentée dans tous ses détails sanglants chaque jour avec joie par les médias - il faut éviter une double morale : La violence est mauvaise, mais si elle défend notre cause, elle est justifiée. Ce message qui accompagne depuis des millénaires guerres civiles et religieuses ne peut que soutenir la disposition à la violence.

Pour conclure, je dirais que la violence est un indicateur fidèle de l'état de notre société. L'augmentation de la violence est toujours un signe précurseur d'une crise grave. Aujourd'hui, nous sommes dans une telle situation. La vie pour nos jeunes n'est pas aussi prévisible comme c'était encore le cas pour la génération précédente. Avec des millions de chômeurs à longue durée, des acquis sociaux plus que jamais remis en question, avec la mondialisation de l'économie, nous vivons les retombées du colonialisme qui prend une revanche tardive sur les barbaries commis en son nom. Il ne faut pas seulement développer des idées nouvelles en matière d'enseignement mais également en politique économique. Comme les ressources ne sont plus disponibles sans limites, il faut y réfléchir - et comme l'a demandé Jean-Baptiste Foucault, « commissaire au plan » du gouvernement français lors d'une conférence au Conseil de l'Europe à Strasbourg - arrêter de produire plus mais de travailler moins. Il faut profiter de la chance que nous donnent les nouvelles technologies pour mettre leurs possibilités au service des hommes et non au service de l'argent.

[22]

[22] Jeunes, vos droits et devoirs

Editorial ANCE-bulletin N°62 juin 1988

Der Ausgang der Präsidentschaftswahlen in Frankreich hat zu manchen Kommentaren in den Presseorganen geführt. Alle Journalisten zeigten sich besorgt über das beängstigende Resultat von Jean-Marie Le Pen. Aber nicht nur Ausländerhass und Jugendfeindlichkeit haben Le Pen zu seinen 15% verholfen, auch das Misstrauen und die Abwehrhaltung gegen Randgruppen allgemein haben ihm zu seinem Wahlerfolg geholfen. Angesichts des Elends der "neuen Armen", die sich vor allem aus dem Arbeitslosenheer herausschälen, scheint es nicht verwunderlich, dass sich eine stark emotional gefärbte Ablehnung der Maßnahmen des "Sozialstaats" für die Randgruppen entwickelt. Und zwar nicht nur in Frankreich.

Mich wundert es immer wieder, wenn Leute, die es besser wissen müssten, z.B. hier in Luxemburg, finden, es werde "zu viel für die Portugiesen gemacht" und "nichts für die Luxemburger", z.B. in den Schulen. Tatsache ist, dass herzlich wenig für die Kinder ausländischer Arbeiter hier gemacht wird. Die wenigen Rücksichten, die notwendigerweise genommen werden - bei 50% Ausländerkindern in unseren Schulen (!) - sind diesen Leuten schon zu viel. Aber nicht genug damit: die Gefangenen in Schrassig leben in einem 5-Sterne Hotel, die geistig-und körperlich Behinderten in Luxusheimen, schwache Schüler werden gefördert, aber die Hochbegabten vernachlässigt, Alkoholiker und Drogenabhängige werden von einer Heerschar von überbezahlten Spezialisten verwöhnt, Kinder die längst in eine Sonderschule gehörten, treiben sich in "normalen" Klassen herum, kriminelle Elemente, deren Platz in Dreiborn schon reserviert ist, werden Opfer aussichtsloser Resozialisierungsversuche in "normalen" Heimen...

Diese und noch schlimmere Argumente hört man natürlich nicht im Anschluss an eine akademische Sitzung im Mansfeldsaal der Nationalbibliothek, nein, da muss man sich schon unters Volk wagen. Le Pen ist überall. Der Mangel an direkter Demokratie, das Gefühl der

Ohnmacht und Hoffnungslosigkeit nicht nur des "neuen Proletariers" sondern auch breiter Teile der Mittelschicht führen zu solchen Einstellungen.

Schenkt man verschiedenen Journalisten Glauben, so gab es Zeiten (die 60er Jahre, die 20er Jahre), in denen es den Leuten anscheinend gut ging, so gut, dass rechtsradikale Propaganda keinen Nährboden beim Volk fand. Trotzdem kamen Adolf und Co. Tatsache ist, dass während dieser Perioden neue Ideen sich entwickelten, Experimente in allen Bereichen des Lebens gemacht wurden. Kenner der Heimszene, wie z.B. Dr. Ulrich Gschwind aus Zürich gestehen unumwunden, dass praktisch alles, was heute als neu und revolutionär bezeichnet wird, irgendwie schon in den 20er Jahren ausprobiert wurde. Man braucht nur die entsprechenden Quellentexte gründlich zu studieren. Diesen geistig-kulturellen Besitzstand aus den "goldenen" Jahren gibt es auch heute noch zu verteidigen.

Die Aufgabe des Erziehers besteht heute also nicht nur darin, die ihm zugewiesenen Kinder optimal in ihrer Entwicklung zu fördern, sondern auch seine Arbeit der Öffentlichkeit gegenüber zu verteidigen. Öffentlichkeitsarbeit ist heute mehr denn je notwendig. Erst wenn seine Arbeit in Form und Inhalt auch für Außenstehende transparent wird, kann der Erzieher mit Stolz und ohne falsche Scham für seinen Einsatz geradestehen.

Der Öffentlichkeit die vielfältigen Facetten der Sozialarbeit zu präsentieren, hat sich unsere Zeitschrift zur Aufgabe gemacht und wir hoffen - nach den positiven Kritiken zur Nummer 61 - mit dieser Ausgabe in derselben Richtung weiterzuarbeiten.

Robert Soisson

FAMILIE

1994 – Internationalt Joer vun der Famill

Akademesch Sëtzung de 15. Mee zou Iechternach

Le mariage est comme une forteresse assiégée :
Ceux qui sont à l'intérieur veulent sortir
et ceux qui sont à l'extérieur veulent y entrer.

Proverbe chinois

Ech schaffen als Psycholog am Service MPP zu Esch-Uelzecht. Virun e puer Joer koum eng eeler Damm mat hirer Duechter an engem Kand bei mech fir sech beroden ze loossen. De Jong huet hinnen ëmmer méi Suergen bereet, si hu gefaart, si géifen en net méi meeschter. D 'Elteren vum Kand hunn sech direkt no senger Gebuert getrennt, seng Mamm ass an d' Ausland gaang an keen huet méi eppes vun hier héieren. Dem Papp seng Mamm huet sech e bëssen dem de Bouf gekëmmert, bis hien eng Bezéiung mat der Duechter vun eiser Damm agaang ass. Aus der Relatioun ass näischt ginn, an de Papp ass wei seng Fra vun der Bildfläch verschwonnen. De Jong, den di eeler Damm mat "Mamm" ugeriet huet, an hier Duechter als "Tatta" ass also bei deenen Fraen bliwwen, zu deenen hien iwwerhaapt keng - am engen Sënn - familiär Relatiounen hat. Trotzdem hat hien eng Mamm, eng Tatta, a wien weess, och e puer Monnien... D 'Situatioun an der Famill war esou, dass trotz allem gudde Wellen vun deenen Leit eng Léisung ausserhalb huet misse gesicht ginn. De Jong ass, um Ufank nëmmen stonneweis, spéider ganz an e Foyer vum Jongenheem gaangen. De Kontakt mat senger "sozialer Famill" huet hien behalen.

Dëst Beispill soll engersäits weisen, wei villschichteg d 'Realitéit vun den Formen vum mënschlechen Zesummeliewen sech dem Professionellen am sozialen a psychologeschen Aarbechtsberäich weist, anerersäits erlaabt et mer, e puer Iwwerleeungen unzebréngen, di meng perséinlech, beruffflech an niewcbcruffIcch Erfarong erëmginn.

1. Di oft erwäänte Kris vun der Famill gëtt et guer net.

Dat Beispill vu virdrun werft natierlech d 'Fro op, wat mer dann ënner Famill verstinn. Ween vu Kris vun der Famill schwätzt huet sécherlech eng Virstellung vun enger idealer Famill am Kapp. An engem Artikel vum Ursula Nuber, den an der Zäitschrëft "Psychologie Heute" virun gutt engem Joer erauskomm ass, gëtt dëst Bild op zwee Elementer zeréckgefouert: Éischtens d 'Famill aus den 50er Joren, an deenen di meescht vun eis, di sech elo Gedanken iwwert d 'Famill maachen grouss gi sinn, an zweetens d 'Famill, wie se an de Reklammen um Fernseh erschéngt. An engem weideren Artikel an därselwechter Nummer gëtt en drëtt Element genannt: D 'Famill wei de Statistiker se gesäit: den Haushalt.

1.1 D 'Ursula Nuber zitéiert amerikanesch an däitsch Wëssenschaftler, di zur Conclusioun komm sinn, dass an den 50er an an de 60er Joren di traditionell Klengfamill Héichkonjunktur hat. Zu kengem vergläichbaren Zäitpunkt gouf sech esou vill a jonk bestuet, koumen esou frei esou vill Kanner, war de Scheedungskoeffizient esou kleng a gouf et esou wéineg Leit di eleng bliwwe sinn. Déi Situatioun gouf op d' Opbrochstëmmung nom 2. Weltkrich zeréckgefouert: Fir d 'éischt an der Geschicht vun eisen westlechen Zivilisatiounen haten esou vill Leit, Männer a Fraen, d 'Méiglechkeet, sech e gewësse Wuelstand ze erschaffen an hunn sech domat responsabel gespiert fir d' Bedierfnisser vun de Familljememberen esou gutt ewéi méiglech ze befriddegen.

Vergläicht en des Period mat den Zäiten virum zweeten Weltkrich oder vun haut, dann stellt en fest, dass net di heiteg Zoustänn, mä d 'Situatioun vun de 50er an de 60er Joren di eigentlech "Anomalie" duerstellen. Zu dëser Schlussfolgerung kommen di amerikanesch Fuerscherin Stephanie Coontz an di däitsch Soziologen Burkart an Hettlage. D 'Stephanie Coontz seet, dass sech di heiteg Vilfalt vun Familljeformen, d 'Zuel vun ausserehelechen Schwangerschaften, d 'Zuel vu beruffstätege Fraen an d 'Virkommen vun gemëschten Familljen sech net wiesentlech vun der Situatioun am 19. Joerhonnert ënnerscheet. Den Hettlage gesäit am Zouhuelen vu Scheedungen e "Bedeitungsgewënn vum Mariage". Wann di héich Uspréch, di un de Mariage gestallt ginn, an enger Bezéiung net erreecht, da ginn net d 'Uspréch opginn, mä et gëtt probéiert, si an enger neier Bezéiung ze realiséieren.

[23]

[23] Jeunes, vos droits et devoirs

1.2 Den zweeten Grond, firwat vill Leit vu Kris vun der Famill schwätzen kennt dohier, dass si vun de Medien, besonnesch an de Reklammen, Idealfamilljen virgestallt kréien, di villmools onbewosst bei dem Eenzelen Scholdgefiller erwächen, wann en seng gelieften Realitéit virun Aen huet. Dëst an dat éiwegt Verlaangen no der gudder aler Zäit loossen Zweiwel opkommen un der Aart a Weis, wei mer haut eist Liewen gestalten. Besonnesch Fraen, di eleng mat hiren Kanner do stinn kréien all Dag vun de Medien virgehalen, wat hiren Kanner feelt a wat fir eng düster Prognosen si hunn obschonn villfach nogewisen ginn ass, wei zum Beispill vum Englänner Rudolph Schaffner, dass di jeeweileg Familljeform wéineg Auswierkungen op entwécklungspsychologeschem Gebitt beim Kand huet. Et kennt op d 'Qualitéit vun de Bezéiungen un! Iwwerhaapt sinn ech der Meenung, dass eis entwécklungspsychologesch Virstellungen nach ëmmer ganz staark vun hypotheteschen Konstrukter aus der Psychoanalyse bestëmmt sinn wei z.B. di ödipal Phase bei de Jongen. De Problem ass, dass an enger onvollstänneger Famill des Situatioun net duerchlieft ka ginn an sech dann zwangsleefeg Feelentwécklungen doraus erginn.

1.3 Eng drëtt Ursaach, firwat vill leit vun Kris vun der Famill schwätzen, ass well si se duerch de Brëll vum Statistiker gesinn. An enger representativer Ëmfro vum Däitschen Jugendinstitut 1988/89 sinn 10.000 Leit gefrot ginn, mat wiem si perséinlech Saachen diskutéieren, mat wiem si regelméisseg zesummen iessen, mat wiem si staark Bezéiungen hunn, mat wiem si hir Fräizäit verbréngen, wiem si Suen ginn oder léinen, vu wiem si Suen kréien asw. Des Étude weist e ganz anert Bild vu Famill ewéi et an de Statistiken optaucht. D 'Famill ass vill méi ewéi e "Ménage". Ofgesinn vun Tatsaachen wei, dass an Däitschland dräi Véierel un allen "Ledigen mit Kindern" e Partner hunn kennt d 'Ëmfro vum DJI zur Conclusioun, dass weit méi Kanner wéi ugeholl ënner normalen Bedingungen opwuessen. De Begrëff Famill gëtt vun den Befroten ganz weit gefaast, jee nodeem op di weider Famill, den Haushalt oder Persounen, di an der Famill eng Roll spillen, gemengt sinn. Familljepolitik muss also ëmmer ganz virsiichteg mat Zuelematerial ëmgoen, wei et och virun kuerzer Zäit an enger Ausernanersetzung am Forum mam Calot-Rapport däitlech ginn ass.

2. D 'Bedeitung vun "der" Famill fir eng gesond psychesch Entwécklung vum Kand

Nieweberufflech sinn ech President vun enger Associatioun, d' ANCE, di hirersäits der FICE ugehéiert. D'FICE ass 1948 als Federatioun vu Kannerheemer gegrënnt ginn. Haut huet d' FICE Sektiounen an 26 Länner, haaptsächlech an Europa. Nom 2. Weltkrich haten vill Kanner hir Eltere verluer a sinn a groussen Institutiounen ënnerbruecht ginn. Di responsabel Leit hu sech natierlech Gedanken gemaach, wei des Kanner dann elo ze erzéien wären. Di schrecklech Ereegnesser vum Krich waren nach frech an der Erënnerung, an d 'Fro ass gestalt ginn, wei en duerch d 'Erzéiung en neien Debakel kéint verhënneren. Mat den Iddien vun Pädagogen wei Korzak a Makarenko goufen nei Formen vun Zesummeliewen vu Kanner ausprobéiert, verschidden Institutiounen goufen als "Kannerrepubliken" ëmorganiséiert. De kalen Krich an di allgemeng gënschteg ekonomesch Entwécklung a Westeuropa hunn dësen Experimenter e freit Enn gesat. Et bleift awer, dass an Kannerheemer sech ëmmer d 'Fro gestallt ginn ass, ob een soll Ersatzfamill spillen, oder an eng aner Richtung goen. An den Heemer hunn mer et haut jo vir un allem mat Kanner ze dinn, wou d 'Famill aus dem engen oder dem aneren Gronn versot huet, an d 'Kand zumindest zäitweileg aus der Famill erausgeholl gouf. D 'Ursaachen sinn villschichteg a rechen vun der einfacher Tatsaach, dass d 'Mamm schaffe muss an sech net em d 'Kand ka këmmeren bis hin zu schwéierster Mësshandlung an sexuellem Mëssbrauch. Dir kennt de Sproch: "Di schlechtste Famill ass nach ëmmer besser ewéi dat beschten Heim!". Vill Leit gleewen dat och, wann si dat soen. Och wann an den Heemer familljenähnlech Strukturen geschafen goufen (Eefamilljenhaiser, kleng Gruppen asw.)

da kennen d 'Erzéier sech awer net vis a vis vun de Kanner behuelen wei Elteren. Si liewen a bestännegen Rollenkonflikter well si eng Realitéit sollen "no spillen", di et do baussen och net méi gëtt (z.B. eng Famill mat 8 Kanner).

De Kannerpsychotherapeut Schmidtchen huet 1989 eng Zesummestellung vun elementare Bedierfnisser vu Kanner gemaach, di befriddegt musse ginn, fir dass si sech harmonesch entwéckelen: 1) physiologesch Bedierfnisser, 2) Protektioun, "Schutzbedierfnisser", 3) d 'Bedierfnis no afillsamen Verständnes an sozialer Bindung, 4) d' Bedierfnis no séilescher a kierperlecher Wäertschätzung, 5) d' Bedierfnis no Ureegung, Spill a Leeschtung, 6) d' Bedierfnis no Selbstverwierklechung an Bewältegung vun existenziellen Liewensängschten. Elteren sinn fir d' Befriddegung vun dësen Bedierfnisser natierlech di ideal Partner, mä keent vun hinnen kann net och ausserhalb vun der Famill realiséiert ginn. De Klaus Hurrelmann hält fest: "Kinder benötigen zuverlässige, stabile und "berechenbare" soziale Beziehungsstrukturen, die ihnen Unterstützung und Anregung für ihre persönlichen Entwicklungsprozesse gewähren. Wie diese Beziehungsstrukturen konkret aufgebaut und sozial gesichert werden, das ist in jeder historischen Entwicklungsphase neu zu definieren und festzusetzen." (S. 86)

An der FICE ass d 'Ausernanersetzung mat der Famill e permanenten Thema, well si bestänneg an den Diskussiounen em eng optimal a kannergerecht Erzéiung an den Heemer als Vergläichsbasis erugezunn gëtt. Um Kongress vun St. Gallen 1988 gouf probéiert, en kontrovers Diskussioun erbäizeféieren mat zwee Referenten, deenen hir Iddien weit auserneen ginn: Den Heinrich Kuppfer aus Däitschland an d' Brigitte Berger aus den USA. D'Brigitte Berger huet di traditionell Famill an hir konservativ Wäertvirstellungen verdeedegt: "Die bürgerliche Moral ist die moderne Familienmoral par excellence ..., sie legt Wert auf Disziplin, Fleiß, Genauigkeit und systematische Erziehung des Willens. Zu ihren Tugenden gehören Anständigkeit, Verlässlichkeit, Höflichkeit, Respekt und Fairness." D 'Elteren probéieren mat alle Mëttel, des Ziler ze erreechen. Dobäi kennt et och emol vir, dass d 'Kanner geschloe ginn. "In dieser Hinsicht glich die Familie oft einem Schlachtfeld. Vielleicht sollten die Fachleute erkennen, dass es nicht anders geht." (Hüttenmoser, S. 45ff). De Kupffer hält dem entgéint, dass et mënschlech erfreelech an onerfreelech Familljen gëtt. "In manchen Familien sind Kinder gut aufgehoben, in anderen werden sie misshandelt. Die Tatsache, dass es sich um eine Familie handelt, lässt über das, was sich da abspielt, keinerlei Schlüsse zu.

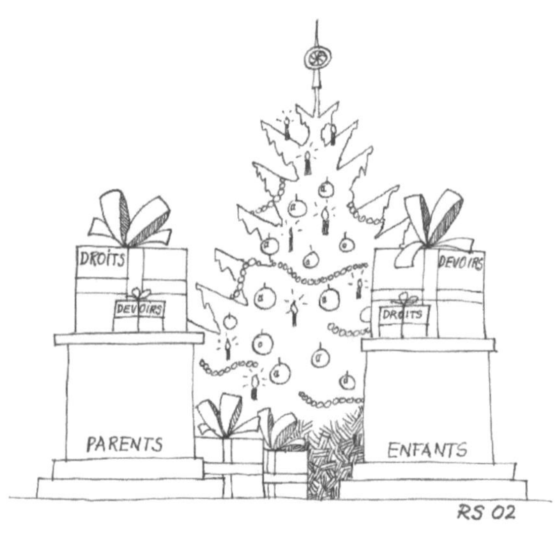

[24]

D' Bewosstsinn iwwert d'Tatsaach, dass an der Famill allerhand onerfreelech Saachen méiglech sinn feiert zu deelweis widdersprëchlechen politeschen Zilsetzungen: Engersäits soll d

[24] Jeunes, vos droits et devoirs

'Fräiheet an d' Eegeninitiativ vun der Famill garantéiert bleiwen, anerersäits gëtt ëmmer méi Staat verlaangt, fir all dat ze erreechen, wat eng gewësse Chancëgläichheet tëschent Familljen soll erbäiféieren.

Dobäi däerf en net nëmmen den Demografen nolauschteren: Am Frankräich ass bei enger Ëmfro zitéiert an der "Letrre de l'IDEF" vun dësem Mount eraus komm, dass vun dem Véierel vu Fraen, di sech en drëtt Kand wënschen, finanziell Iwwerleeungen iwwerhaapt keng Roll (méi) spillen. D'Zäiten vum "bébé frigo" a vum "bébé auto" ënnert dem De Gaulle sinn eriwwer.

3. D 'Rechter vum Kand schützen heescht d 'Familie schützen

Wann ech däerf e Wonsch äusseren, wat an der Zukunft soll fir d 'Familljen gemaach ginn, da géif ech mech freeën, wann d 'Gemengen méi Méiglechkeeten an och Oploen kriten, fir d 'Interessen an d 'Rechter vun de Kanner an hiren Familljen an d 'Praxis ëmzesetzen. Eng Gemeng ass dem Kand an der Famill méi no ewéi de Staat. Den Ausdrock "Promotion de l'environement familial" gefält mer. D 'Leit leeën ëmmer méi Wäert op Liewensqualitéit. Dozou gehéiert eng kannergerecht Ëmwelt, di och nach muer liewenswäert muss sinn. Esou wei et selbstverständlech ass, dass e kann expropriéiert ginn, wann eng Autobunn gebaut gëtt misst eng Gemeng och kennen Bauplazen opkafen fir Spillplazen a Vëlospisten innerhalb vun der Uertschaft ze bauen. D 'Gemengen missten all eng Ulafplaz fir Famillen a Kanner hunn, wei Betebuerg et virgemaach huet.

Ech wär och frou wann de Staat seng Duebelmoral z.B. a Saachen Alkohol an Tubak géif opginn. Et gëtt net, dass en engersäits de Leit e béisen Fanger mëscht an op der anerer Säit massiv Geld astécht via d 'Steieren. Dat selwecht gelt fir d 'Medien: D 'Moral vun der Programmkommissioun vun RTL huet den Helmut Thoma hei zu Lëtzebuerg jo däitlech genuch gesot: Laut him wëssen mer, dass Fett gesondheetsschiedlech ass, mä dofir kenne mer jo net den Verkaf vun Mettwurschten verbidden. Mat der Gewalt am Fernseh wär et datselwecht. Majo dann!

[25]

[25] Jeunes, vos droits et devoirs

GESELLSCHAFT

Globalisation et exclusion sociale :

Cette intervention a été faite lors d'un séminaire international organisé à Lisbonne dans le cadre du projet InformAge le 11 février 2000 avec le thème : « Jeunesse, dynamiques d'exclusion, parcours d'insertion »

J'ai été prié de répondre à trois questions lors de mon intervention :

1. Y a-t-il un lien entre le processus de globalisation et l'exclusion sociale ?
2. Dans quelle mesure l'évolution technologique influence-t-elle la politique d'emploi des jeunes ?
3. Quelles seront les mesures de politique sociale qui doivent être mises en place pour influencer positivement la cohésion sociale ?

Les réponses à ces questions sont complexes et si elles étaient faciles, je ne serais pas ici aujourd'hui. D'autant plus que je ne suis pas un expert : Je suis ni sociologue, ni économiste, ni spéculant en bourse, ni décideur politique. Mais en travaillant avec des enfants et des jeunes en difficulté, je me suis posé des questions sur le système dans lequel je travaille, quels sont les mécanismes qui font que des enfants, des jeunes et des familles entières sont marginalisés, discriminés, exclus. A première vue, ces mécanismes semblent se soustraire de tout contrôle politique. Ils sont souvent vécus par leurs victimes comme des fatalités auxquelles on ne peut échapper. Les décideurs politiques au niveau national haussent les épaules : les responsables se trouvent ailleurs. Mais de plus en plus, les acteurs de la société civile au niveau local et au niveau associatif essayent de développer des stratégies contre les effets néfastes de la globalisation : les protestations en France contre la « malbouffe », le *fast food* qui inonde le secteur de la restauration, les démonstrations à Seattle et à Davos, l'échec du sommet de l'OMC (Organisation Mondiale du Commerce) à Seattle montrent qu'il y a une prise de conscience à différents niveaux politiques. Partout, des associations politiques se créent qui ont pour objet la lutte contre le « turbo-capitalisme ».

A Davos les grands du monde se sont rencontrés au Forum économique mondial. « Dans leur plaidoyer en faveur du libre commerce, Tony Blair et Bill Clinton ont trouvé des alliés inattendus, à commencer par le président mexicain, Ernesto Zedillo, qui s'est livré à un violent réquisitoire contre les adversaires de l'OMC. Mettant en cause « *une étrange alliance née dernièrement, qui va de l'extrême gauche à l'extrême droite en passant par les écologistes, les syndicats des pays développés et quelques représentants autoproclamés de la société civile* », il s'en est pris au « globalophobes », dont les arguments, selon lui, cachent un protectionnisme malvenu. »[26]

400 milliardaires sont aussi riches que la moitié de la population mondiale. Cette constatation montre dans quelle mesure le processus de « globalisation » de l'économie mondiale est déjà une réalité. Presque chaque jour, les médias nous annoncent de nouvelles fusions d'entreprises. L'augmentation du chiffre d'affaires va souvent de pair avec la diminution du personnel. Les entreprises créent de nouveaux emplois dans les pays, où la main d'oeuvre est bon marché. La spéculation sur le marché des devises génère des profits énormes et précipite dans la misère des peuples entiers. Dans les pays industrialisés, les conditions de vie des gens changent : la sécurité de l'emploi, les revenus garantis, la sécurité sociale, les retraites et un grand nombre d'autres « acquis » du 20e siècle semblent remis en question.

La sécurité sociale a été « inventée » et réalisée d'abord dans les pays européens et de nos jours, elle n'est pas encore une réalité dans les pays du tiers monde. Au contraire, l'argument de la « compétitivité » est utilisé par le patronat européen pour mettre en question les différents systèmes de protection sociale et de continuer à exploiter sauvagement la main d'oeuvre dans les pays « en voie de développement ».

---

[26] Serge Marti & Babette Stern, « Le monde » du 1er février 2000

Le contexte économique, social et culturel en Europe a en effet changé radicalement : L'augmentation de l'espérance de vie et la baisse de la natalité font diminuer d'une manière dramatique le taux de la population active. Le déficit démographique est compensé par l'immigration de main d'oeuvre en provenance des pays de l'est et de l'Afrique du Nord ce qui crée des tensions sociales. La tertiairisation de l'économie par contre crée de nouveau le chômage. La productivité augmente, mais pas le pouvoir d'achat. Les inégalités entre les salaires augmentent. Les décideurs politiques se trouvent de plus en plus dans des situations sans issue, des alternatives infernales.

Mais de plus en plus de gens se mobilisent contre ces tendances : l'échec du sommet de Seattle et les démonstrations à Davos le montrent bien.

Plusieurs questions se posent :

- Est-ce que la globalisation est une fatalité qui en plus serait irréversible ?
- Quels sont les possibilités des décideurs politiques ?
- Quels sont les groupes de personnes les plus touchées par les effets de la globalisation ?
- Quel est le rôle des pays de l'Union Européenne ?
- L'innovation technologique est-elle productrice ou destructrice d'emplois ?
- Que peuvent faire les associations, la société civile face aux problèmes de l'exclusion ?

La globalisation et l'économie mondiale

Selon les auteurs allemands Hans-Peter Martin et Harald Schumann[27], la globalisation de l'économie n'est pas une fatalité mais a été provoquée délibérément par les décideurs politiques et économiques : la libre circulation des capitaux et des marchandises, l'ouverture des marchés des devises, l'extension des marchés intérieurs uniques comme celui de l'Union Européenne, les accords de l'Organisation Mondiale du Commerce (OMC), traité par traité, loi par loi.

L'idéologie néo-libérale domine les politiques économiques : dérégulation des contrôles étatiques, libéralisation des marchés et de la circulation du capital, privatisation des entreprises publiques. Mais ce « turbo-capitalisme » est en train de saboter les bases mêmes de son existence : les institutions démocratiques et la stabilité de la société. En se laissant guider uniquement par les soi disantes contraintes économiques, les gouvernements mettent en péril les institutions démocratiques. « La globalisation devient un piège pour la démocratie »[28]. Des millions de citoyens insécurisés contribuent au succès des mouvements racistes, xénophobes et populistes comme le montre bien l'accession au pouvoir de Jörg Haider en Autriche.

Jean Ziegler[29] fait lui aussi une description pertinente de la globalisation :

« La réalisation de la loi des coûts comparatifs de production et de distribution, formulée par … David Ricardo au début du XIXe siècle,

---

[27] Hans-Peter Martin, Harald Schumann: Die Globalisierungsfalle; der Angriff auf Demokratie und Wohlstand, Rowohlt, Reinbeck bei Hamburg, 1996
[28] Martin/Schumann, p. 20
[29] Jean Ziegler : Les seigneurs du crime ; les nouvelles mafias contre la démocratie, Seuil, « points », 1999

se généralise. Tout bien, tout service sera produit là où ses coûts seront les plus bas. »[30]

Le « Killerkapitalismus » (capitalisme de tueurs), comme il le nomme, fonctionne de la manière suivante :

1. Les états du tiers monde se battent entre eux pour attirer des investissements et réduisent les coûts salariaux et les libertés syndicales
2. Les pays industrialisés, en particulier l'Europe, délocalisent leurs installations de production et obligent ainsi les Etats à sacrifier la protection sociale sur l'autel de la « compétitivité »
3. Les travailleurs des différents pays entrent en compétition les uns avec les autres ; c'est la mort du syndicalisme
4. A l'intérieur des démocraties européennes, ceux qui ont du travail se battent contre ceux qui n'en ont plus. Les jalousies entre le secteur public et le secteur privé grandissent, la xénophobie et le racisme s'installent.[31]

[30] Jean Ziegler, p. 29
[31] Jean Ziegler, p. 30

En 1997, 37 000 sociétés transnationales (surtout européennes, américaines et japonaises) dominent l'économie mondiale. 172 sur 200 des plus grandes entreprises transnationales sont localisées dans 5 pays avec une part de presque 30 % au produit mondial brut. Aujourd'hui, aucune force sociale ou politique ne semble plus en mesure de contrecarrer leurs ambitions »[32]

Les entreprises multinationales ont d'innombrables possibilités pour éviter de payer leurs impôts : Outre les pratiquent qui occupent de plus en plus les tribunaux dans beaucoup de pays, des pratiques « légales » s'installent qui constituent une « atteinte à la pudeur du contribuable » selon Martin et Schumann[33]. La méthode la plus simple en termes d'experts est le « transfer pricing » : Des filiales organisées dans un réseau international organisent un marché de produits intermédiaires, de services et de licences qui autorisent les firmes à se présenter à elles-mêmes des factures à la limite illicites. Malgré les complaintes des sociétés, l'imposition effective des entreprises en Allemagne à baissé en moyenne de 37 à 25% entre 1980 et 1994.

Et la concentration continue : Chaque semaine, on apprend de nouvelles fusions d'entreprises, toujours accompagnées des mesures de « restructuration », c.à.d. de licenciements !

---

[32] Jean Ziegler, p. 33

[33] Martin/Schumann, p. 272 ff

La globalisation et le développement technologique

Selon Ankie Hoogvelt[34], le processus de l'expansion du capitalisme mondial est achevé, la phase de la globalisation correspondrait plutôt à l'approfondissement (*deepening*) de l'intégration capitaliste.

Par le processus de la globalisation politique et économique, le monde est « comprimé ». Notre façon de vivre de ce côté du globe a des conséquences immédiates pour les habitants du côté opposé.

Le développement technologique sert d'abord les riches : En développant la cartographie pendant la Renaissance, les propriétaires terriens créaient un instrument fiable pour mesurer et définir la propriété dans le but de remplacer les titres de propriété confus et conflictuels des seigneurs féodaux. Aujourd'hui, les techniques de communication soutenant la libre circulation des capitaux « à la vitesse de la lumière » donnent des avantages décisifs aux propriétaires de capitaux sur la masse des salariés, qui sont limités dans leurs déplacements par leur passeport.

L'espace, tout comme le temps, représentent valeurs et pouvoir. Dans le mode de production capitaliste, tout dépend de la relation entre temps et espace. Le progrès technologique a comprimé énormément l'équation temps-espace. C'est ainsi que p. ex. dans les

---

[34] Ankie Hoogvelt : Globalisation, Exclusion and the Politics of Resistance ; Paper presented at the Convergence and Diversity Conference, Victoria university of Wellington, March 1-2, 1997 ; http://www.vuw.ac.nz/atp/articles/hoogvelt_9704.html

pays de l'Union Européenne, le volume de travail requis par unité de PIB se réduit, ce qui crée une situation de « jobless growth » : le PIB augmente rapidement, mais le marché de l'emploi ne suit pas. Je reviendrai encore sur ce point.

Selon les pronostics de la Commission Européenne, les formes d'organisation des entreprises vont changer : La structure pyramidale sera remplacée par une structure « poly-cellulaire ». Elles vont « conserver un noyau dur restreint de personnel permanent et, pour le reste, faire de plus en plus appel, ponctuellement, aux compétences de personnes employées alors sur des contrats temporaires, voire à des partenaires plutôt qu'à des salariés »[35]

Toujours selon Hugues de Jouvenel, les formes d'emploi vont changer : le concept d'emploi sera remplacé par celui de fonction. Le marche de l'emploi dans les pays de l'UE est caractérisé par les signes distinctifs suivants :

1. Le volume d'emplois est en baisse depuis 1990.
2. Le nombre d'heures ouvrées par personne par an est en baisse avec de grandes disparités entre les différents pays.
3. Le travail indépendant est en hausse
4. L'emploi à temps partiel augmente, il est essentiellement féminin

Ainsi, le sous-emploi et le chômage ne peuvent qu'augmenter ![36]

La globalisation et l'environnement

[35] Hugues de Jouvenel : L'Europe en mutation : Une fresque des grandes tendances d'évolution économiques, sociales et culturelles, dans : Forum Européen sur la politique sociale, Résumé, Commission Européenne, Luxembourg 1997
[36] Hugues de Jouvenel, pp. 57-60

En Europe, aux Etats-Unis, au Japon, mais surtout dans les pays en voie de développement, pour produire moins cher, l'environnement est systématiquement détruit.

Jean Ziegler note que « la main invisible de ce marché globalisé ne détruit pas que les sociétés, elle massacre aussi la nature »[37] : Destruction systématique des forêts tropicales, extermination des espèces végétales et animales, élimination des populations autochtones, contamination des eaux marines et des nappes phréatiques, pollution de l'air ...

[37] Jean Ziegler, p. 32

Un jour j'ai appris dans un reportage à la télévision que parce que les salaires sont moins élevés, une firme hollandaise fait décortiquer au Maroc des crevettes pêchées au large des Pays Bas. Ces crevettes sont transportées dans des camions frigorifiques au Maroc et ramenés aux Pays-Bas sous forme de conserves. Dans une interview accordée à « World in Action » le 13 janvier 1997, Neil Kinnock, Commissaire Européen des Transports a admis, que les frais en matière de santé et de l'environnement occasionnés par ce genre de transports routiers (« total environmental and health bill of increased trans-continental trucking resulting from the creation of the Single Market ») s'élèvent à plus de 100 billions de £.[38] *Un autre reportage de télévision a montré comment, en Indonésie, une firme finlandaise, spécialisée dans la production de papier contribue à la fois à la déforestation massive et incontrôlée, au vol de la terre des indigènes, à la pollution grave des eaux par les égouts des sites industriels, à la répartition massive de maladies de la peau chez les enfants dues à l'eau contaminée, à la répression politique et à la détérioration des conditions d'existence des populations autochtones qui vivaient surtout de la pêche et des produits de la forêt, à la corruption des fonctionnaires indonésiens, au muselage de la presse (interdiction de*

[38] Ankie Hoogvelt, p. 10

filmer le site, de poser des questions aux directeurs...). La firme a choisi l'endroit, parce que les règlements en matière de protection de l'environnement en Finlande n'auraient jamais permis une production de papier dans de telles conditions. Le comble est que la firme trompe ses clients en indiquant que le papier a été blanchi sans addition de chlorures.

La globalisation et le marché de l'emploi

Le développement technologique détruit les emplois. Dans les visions utopistes des philosophes et sociologues du XIXe siècle, l'automatisation devrait permettre aux travailleurs d'augmenter leur temps libre et de travailler pour le plaisir. L'évolution récente ne confirme pas ces théories : De plus en plus de personnes sont réduites au chômage tandis que pour la population active, les exigences quant à leur qualification et leur disponibilité augmentent alors qu'en même temps, leur pouvoir d'achat décroît.

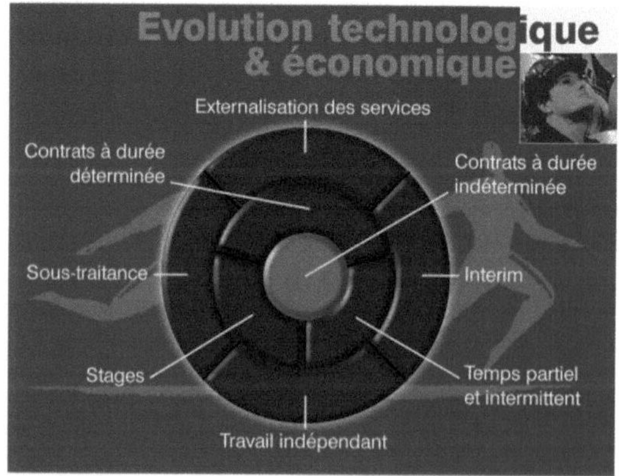

En Allemagne, des centaines de milliers d'emplois vont disparaître dans les années à venir dans le secteur bancaire.[39] Les entreprises de l'électronique et de la communication déplacent leurs activités dans les pays comme l'Inde. Trois ingénieurs indiens gagnent la même somme qu'un seul ingénieur en Allemagne ou en Suisse.

[39] Martin & Schumann, p. 141 ff

La stabilité de l'emploi sera bientôt une notion appartenant au passé. De plus en plus de personnes travailleront avec des contrats à durée déterminée et des salaires médiocres. Cette situation est la conséquence d'une politique sciemment menée par les gouvernements des pays industrialisés de l'ouest et qui continuent d'ailleurs dans le même sens. Le rôle de l'Etat dans ce processus est significatif : Keynes attribuait à l'Etat le rôle d'investisseur central dans les économies nationales. Après les chocs pétroliers de 1973 et 1979, les états n'étaient plus en mesure de gouverner ces crises ; les parités entre les devises ne pouvaient être maintenues. C'est à ce moment-là que les doctrines néo-libérales entraient en jeu aux Etats-Unis et en Grande Bretagne (Friedman, von Hayek) avec leurs dogmes qui étaient la dérégularisation, la libéralisation et la privatisation. La conséquence est que la productivité croît plus vite le produit intérieur brut, on assiste à une croissance qui ne produit pas d'emplois (« *jobless growth* »)[40].

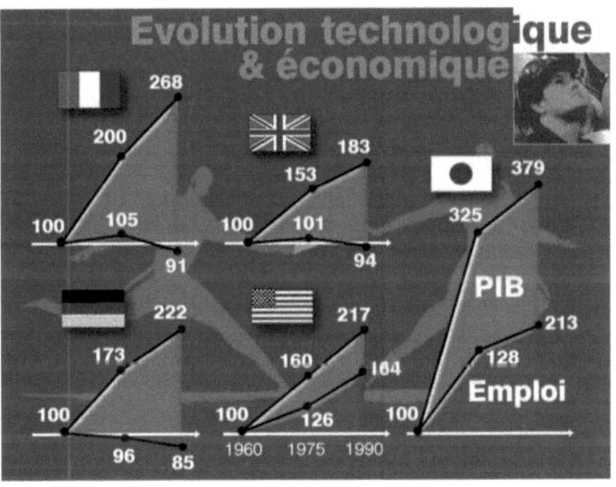

Les entreprises sont apparemment contraintes d'accroître la « productivité » pour être « compétitives » sur le marché international. Les techniques utilisées pour arriver à leurs fins sont la rationalisation, la baisse des salaires, la réduction de la taille des entreprises (« *downsizing* »), le transfert des lieux de production (« *outsourcing* ») et la réorganisation de l'entreprise (« *re-engeneering* »). Aux Etats-Unis, cette politique a certes créé des emplois, mais le niveau de vie de la plupart des salariés dans ce pays est en baisse constante. On parle

[40] Martin & Schumann, p 158

même d'une nouvelle classe sociale, celle des « working poor », des pauvres qui ont un emploi. Trois quarts des salariés gagnent en moyenne moins de 250 $ par semaine.[41]

En 1996, l'entreprise agro-alimentaire *ConAgra* aux Etats-Unis décidait la suppression de 6.500 emplois et de 29 usines. Cette annonce a provoqué une hausse des valeurs en bourse de cette société telle que son patrimoine a augmenté de 500 millions de dollars.[42] Le même scénario s'est produit l'année passée en France avec *Michelin*. Créer des emplois est presque vécu comme une faiblesse à la bourse.

Une autre astuce très en vogue est la transformation des salariés en partenaires indépendants[43]. Ils sont payés à l'acte ou rémunérés selon le travail qu'ils fournissent. Il va sans dire qu'ils travaillent dans des conditions épouvantables, tout comme les gens « loués » aux entreprises par des agences d'emploi à temps partiel.

Les emplois crées dans les pays en développement (« miracle asiatique ») vont de pair avec la corruption, la répression politique, la destruction de l'environnement et l'exploitation sauvage des salariés sans droits, en majorité des femmes et souvent aussi des enfants. En Indonésie, en Malaisie, en Chine, les ouvriers et ouvrières doivent travailler jusqu'à 15 heures par jour, comme des machines. La sécurité au lieu de travail

[41] Martin & Schumann, p. 165
[42] Martin & Schumann, p. 174
[43] Martin & Schumann, p. 167, voir également Ankie Hoogvelt, p. 11

n'est pas respectée, les droits syndicaux n'existent pas. Plus les régimes sont autoritaires, plus ils attirent de capitaux.

Dans les pays industrialisés de l'Europe, nous assistons à une crise de l'emploi. En Allemagne p. ex., le chômage reste à un haut niveau et la masse salariale est en baisse constante. Seulement les emplois nécessitant une spécialisation très poussée connaissent des augmentations de salaires. Toutes les autres professions connaissent des problèmes et les salariés les moins qualifiés perdent leurs emplois.

Les partis conservateurs se font le porte-parole des « turbo-capitalistes ». En Allemagne, Kurt Biedenkopf de la CDU veut « faire sauter » les « acquis sociaux » tels que le salaire pendant le congé de maladie, les allocations familiales, la protection contre le licenciement, les congés, la semaine de 40 heures etc.[44] L'Allemagne devrait suivre l'exemple américain, où tous ces obstacles au plein emploi n'existent pas.

La tendance sur le marché de l'emploi va vers la « société 20:80 », comme la désignent Martin & Schumann. Ce concept fut créé lors d'une conférence au « Fairmont-Hotel » à San Francisco fin septembre 1995. L'idée est que 20 % de la population active suffiront pour faire marcher l'économie mondiale dans le XXIe siècle. Le problème sera « d'occuper » les 80 % qui restent et tous les « grands » du monde politique et économique se sont cassé leurs têtes pour trouver des solutions.[45]

Ankie Hoogvelt parle elle de la « société des deux tiers » dans les pays développés. Selon cette hypothèse, un tiers de la population sera marginalisé par un chômage à long terme. Ces personnes ne pourront plus servir ni de producteurs ni de consommateurs dans la société de demain. Pour l'Etat, cette situation pose le problème du

[44] Martin & Schumann, p. 214
[45] Martin & Schumann, p. 9 ff.

maintien de l'ordre. Aux Etats-Unis, par exemple, plus de deux millions de personnes sont en prison, pour la plupart des noirs. Au Brésil, les enfants de rue sont tués systématiquement par des commandos engagés par les commerçants. L'Europe renforce les restrictions contre l'immigration.

Mais les Etats réagissent : D'abord, le flux des immigrés sera endigué. La « forteresse Europe » va rendre ses frontières plus étanches. Ensuite ce sera le tour des femmes : Dans un article au New York Times, un commentateur trouve que les femmes occupent déjà les deux tiers des emplois n'exigeant aucune qualification. Comme elles deviennent criminelles moins vite que les hommes, il faudra limiter l'accès au marché de l'emploi pour les femmes. La devise sera : « More jobs for the boys ».[46]

La globalisation et la criminalité internationale

Dans son livre « Les seigneurs du crime », Jean Ziegler, le célèbre sociologue et parlementaire suisse développe un aspect particulier de la globalisation : ses liens avec la criminalité organisée sur le plan international.

[46] Martin & Schumann, p 316

« Les cartels du crime constituent le stade suprême et l'essence même du mode de production capitaliste. Ils bénéficient grandement de la déficience immunitaire des dirigeants de la société contemporaine. La globalisation des marchés financiers affaiblit l'état de droit, sa souveraineté, sa capacité de riposte. L'idéologie néo-libérale qui légitime - pire : qui « naturalise » - les marchés unifiés, diffame la loi, débilite la volonté collective et prive les hommes de la libre disposition de leur destin. »[47]

Selon Ziegler, les cartels du crime combinent trois modes d'organisation : Ils fonctionnent comme des organisations économiques, financières, de type capitaliste, ils ont une hiérarchie militaire et fonctionnent en formation sociale ethnocentrique (parenté clanique). « En les combinant, le cartel criminel parvient à additionner les efficacités propres à chacune d'entre elles. D'où sa force victorieuse et l'immunité qu'il oppose généralement à toute tentative de pénétration policière. »[48]

Leur travail est possible à cause de la banalisation en notre siècle de l'acte criminel et de la faible visibilité de la criminalité transnationale. En effet, les massacres en Ex-Yougoslavie et au Ruanda, pour ne citer que ceux-là, font que les assassinats commis en masse par

[47] Jean Ziegler, p. 11
[48] Jean Ziegler, p. 22

les tueurs professionnels des cartels sont perçus comme des crimes mineurs.

La globalisation et les valeurs culturelles

« Tout est partout ». 500 satellites envoient en permanence des images vers les récepteurs. « Baywatch » dans la jungle amazonienne, le « Denver-Clan » en Sibérie : Des millions de gens sont tirés de leur vie clame et sans histoires dans leurs villages à travers le monde dans un univers planétaire, irréel. Martin & Schumann montrent combien au niveau culturel, les goûts commencent à s'uniformiser au rythme dicté par l'industrie du divertissement américaine. Disney, McDonald et MTV font appel aux recettes simples, aux mets faciles à avaler et à digérer. Leurs images façonnent les rêves et les rêves provoquent les actes. L'industrie cinématographique dépense des sommes gigantesques lors de la production d'un film, des budgets qui dépassent de loin les possibilités des producteurs européens et autres. L'association du divertissement avec la publicité fait que la soif est transformée en un besoin en Coca-Cola.

Sur le plan politique, en se faisant les porte-parole du « turbo-capitalisme », les partis de droite, attachés traditionnellement à la religion, la patrie et la famille détruisent eux-mêmes les bases de leur idéologie. On ne peut pas demander la stabilité des familles et des communautés et favoriser en même temps la dérégularisation et la globalisation, car celles-ci sont le moteur d'un changement social qui marginalise de plus en plus de personnes qui ne sont pas capables ou qui ne sont pas prêtes à changer leur mode de vie et leurs convictions en permanence en fonction des besoins du marché. « La désacralisation des grandes institutions (la famille, la religion la patrie), le déclin des grandes idéologies qui structuraient le débat public se sont traduits par **une espèce de vide en termes de référent collectif** que la montée de l'individualisme et du chacun pour soi ne saurait pallier. »[49]

Hugues de Jouvenel, Ankie Hoogvelt et Martin & Schumann sont unanimes sur ce point : l'extrémisme de droite et le populisme à la Haider/Le Pen se développent. Les sectes telles la Scientology recrutent de plus en plus d'adhérents et commencent à infiltrer les organismes de l'Etat. Quelques observateurs politiques parlent d'une phase pré-fasciste comme l'auteur américain William Greider. Les exactions contre les immigrés nord-africains dans la ville espagnole d'El Ejido en février sont l'exemple le plus récent du racisme croissant.

49 Hugues de Jouvenelle, p. 74

La globalisation et l'exclusion

Que deviennent nos sociétés, si seulement un cinquième de la population a un emploi ? Allons-nous vers de nouveaux conflits sociaux ? Les indicateurs sociaux sont alarmants : En Allemagne, plus d'un million d'enfants vivent en dessous du seuil de pauvreté. De plus en plus de jeunes deviennent délinquants, participent à des actes de violence racistes et xénophobes. Les parents, contraints de travailler à deux, négligent de plus en plus leurs enfants. Les écarts entre riches et pauvres se creusent.

Devant la Conférence plénière des ONG dotées du statut consultatif auprès du Conseil de l'Europe le 1er février 1995, Jean-Baptiste De Foucauld, à l'époque commissaire au plan en France, s'est prononcé sur le thème : « la cohésion sociale : les causes et les manifestations de l'exclusion, les moyens de la combattre ». Après avoir défini ce qu'il entend par la cohésion sociale, De Foucauld essaye de définir un concept politique de l'exclusion :

« Il y a exclusion d'une personne lorsqu'elle est privée, contre son gré, de sa place dans l'échange social, lorsqu'elle ne peut pas travailler, lorsqu'elle est condamnée à la solitude contre son gré (cas des personnes âgées) ou lorsqu'elle est ségréguée pour des raisons comme maladie mentale ou sida etc. Ce qui caractérise l'exclusion, c'est de n'être plus partie prenante de l'échange social ou économique, alors qu'on ne le souhaite pas. »[50]

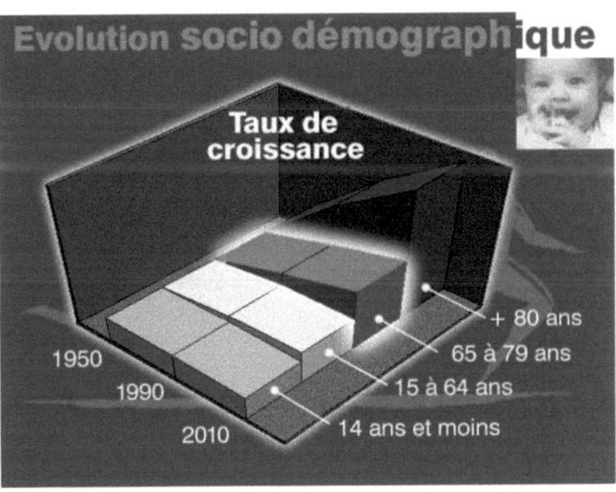

De nos jours, être exclu veut dire avant tout : être seul. Les exclus ne se regroupent pas entre eux. Il n'y a pas de combat social qui s'organise spontanément autour des exclus, à quelques rares exceptions près (les manifestations des chômeurs en France). Le modèle des luttes sociales traditionnelles ne marche plus, ceci entraîne chez les populations concernées des tentations de repli : repli ethnique, repli communautaire, repli fondamentaliste…

La globalisation et la politique

Les inégalités sociales se creusent : « 358 milliardaires sont aussi riches que 2,5 milliards d'hommes, presque la moitié de la population mondiale »[51]. Les égoïsmes nationaux ou régionaux, les tendances séparatistes se développent.
La seule manière de pallier ces effets néfastes est une politique sociale adaptée. Bien que la politique sociale dans les pays de l'UE tombe sous le principe de la subsidiarité, la Commission Européenne se soucie de plus en plus des retombées de la libre circulation des marchandises et de la main d'oeuvre sur les citoyens. C'est pourquoi, elle a organisé en

[50] Jean-Baptiste de Foucauld : Dans : Bulletin d'information des ONG dotées du statut consultatif auprès du Conseil de l'Europe, Numéro spécial, Strasbourg, avril 1995, p.6.
[51] UNDP Human Delvelopment Report 1996, New York, Juillet 1996, cité dans Martin/Schumann, p. 40

1996 et en 1998 le « Forum Social Européen », réunissant chaque fois plus de deux mille participants venus des organismes gouvernementaux et du secteur associatif. Le but était de faire le point sur la politique sociale et d'associer le secteur associatif à la réflexion sur la politique à suivre.

Comme l'a bien montré Hugues de Jouvenel dans son exposé introductif, l'Europe, hormis les difficultés dues à la globalisation a encore d'autres problèmes à considérer pour définir sa politique sociale :[52]

- Le problème démographique : Le taux de fécondité a atteint partout dans l'UE le niveau le plus bas jamais enregistré.

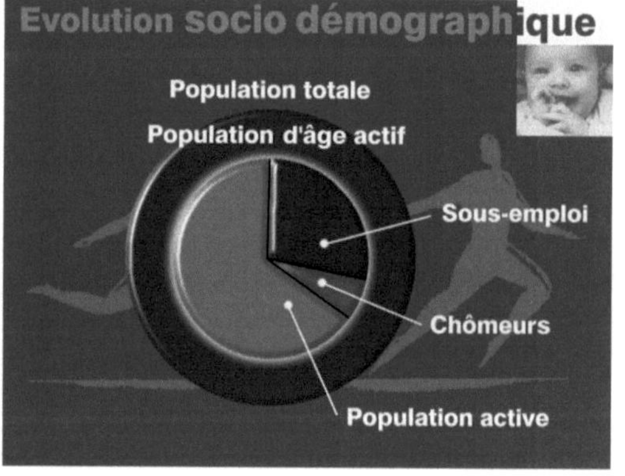

- La population active diminue : à partir de l'an 2000, moins de personnes entreront au marché de l'emploi qu'il n'en sortiront ; le taux de femmes qui travaillent va par contre augmenter. *Ceci a amené un économiste à formuler récemment au journal « Le monde » l'hypothèse qui si l'immigration restait constante, le chômage en France devrait complètement disparaître d'ici 15 ans.*

[52] Hugues de Jouvenel : p. 29 -74

- L'accroissement très rapide de l'espérance de vie (qui s'opère au rythme de presque un trimestre par an) mène à un accroissement des effectifs de personnes âgées. Le rapport entre le population active et les retraités se détériore rapidement, ce qui pose un problème de financement.

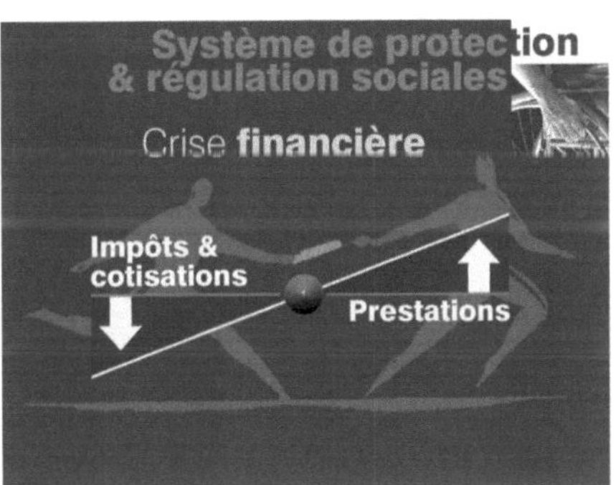

N'ayant pas le courage de prélever l'argent là où il est gagné (p. ex. par la Tobin-Tax), les Etats augmentent les prélèvements sur les revenus du travail (impôt sur le revenu des personnes physiques, cotisations de sécurité sociale à la charge des salariés et des employés sur la masse salariale). Ce qui fait que le pouvoir d'achat du salaire net moyen n'augmente presque plus depuis 1980 avec une accentuation des inégalités de salaires.

Ces tendances d'évolution provoquent la crise le l'Etat Providence. La protection sociale (risques vieillesse-survie, maternité-famille, chômage (et de plus en plus promotion de l'emploi), maladie, invalidité et maladies professionnelles, logement) basée sur la solidarité des actifs au profit des inactifs se trouve dans une triple crise selon Hugues de Jouvenel : Une crise financière, une crise d'efficacité et une crise de légitimité.

1. La crise financière provient du fait que le nombre de bénéficiaires de la sécurité sociale dépasse déjà le nombre de ceux qui contribuent à la financer et que les prélèvements ne peuvent pas être augmentés continuellement.

2. L'éclatement des frontières de l'Etat, le nombre diminuant de salariés dans la population active, les mutations de la vie familiale, les oppositions entre « exclus » et « inclus » contribuent à une crise d'efficacité.
3. L'Etat providence aurait suscité une mentalité d'assistés, institutionnalisant l'irresponsabilité individuelle.

La globalisation et la société civile

Ankie Hoogvelt voit la globalisation prioritairement comme un processus social. Le processus de la globalisation a été facilité et accéléré par les moyens de communication nouveaux. Elle fait la différence entre la « place du marché » ou le « principe du marché » et la « discipline du marché ». Plus la globalisation avance, plus ses principes sont intériorisés dans le comportement des acteurs économiques. Principe et discipline s'influencent mutuellement de sorte que Hoogvelt peut affirmer : **La globalisation a lieu parce que nous pensons qu'elle a lieu**. (« Globalisation is happening because we think it is happening »).

Hoogvelt affirme qu'il faut combattre la globalisation. Mais face à l'isolement des exclus et le manque d'efficacité des mesures de boycott par les consommateurs, elle prône une « politique de place » (« politics of place »). Par cela, elle entend un programme d'action politique axé sur le développement d'un lieu de vie commun. Dans le passé récent, les initiatives de citoyens au niveau local se multiplient. Il s'agira de canaliser les énergies ainsi libérées vers un programme étendu combinant la protection de l'environnement avec la justice sociale et économique.

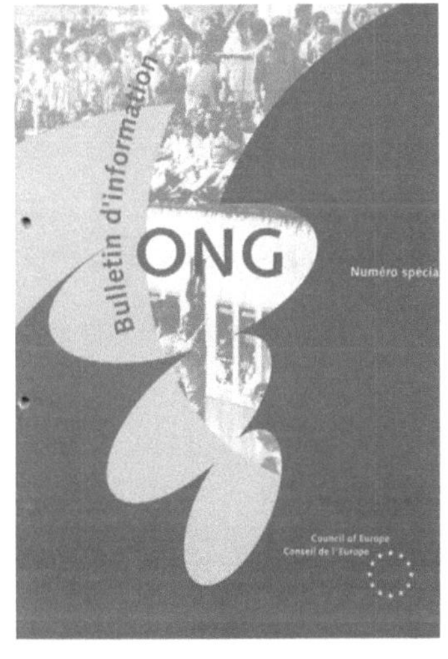

Martin & Schumann proposent **10 « idées contre une société 20:80 »**

1. Il faut renforcer l'Union Européenne et faire des ses institutions des organes de discussion et de décision démocratiques.
2. Les citoyens eux-mêmes doivent défendre leurs droits et renforcer la solidarité sociale. La société civile doit développer des alternatives au terrorisme des marchés.
3. L'union monétaire européenne doit être réalisée pour servir de contrepoids au dollar et aux spéculateurs. Un Euro stable permettra d'assécher les paradis fiscaux.
4. L'imposition doit être harmonisée dans les pays de l'Union Européenne
5. L'introduction de la « Tobin-Tax » sur le marché des devises
6. L'introduction de normes sociales et écologiques pour le commerce mondial (travail des enfants, salaires, libertés syndicales, destruction de l'environnement).
7. Des taxes écologiques pour toute l'Europe

8. Augmentation des taxes sur les produits de luxe (résidences secondaires, voitures de luxe, yachts, jets privés, bijoux, chirurgie esthétique …)
9. Consolidation de la solidarité et de la coopération syndicale en Europe
10. Mesures visant à compenser les pertes d'emplois dus à la libéralisation des marchés

« La reconquête de l'action politique, la reconstitution du primat du politique sur l'économique est la tâche principale dans l'avenir »[53].

Jean-Baptiste De Foucauld préconise cinq combats pour lutter contre les effets néfastes de la globalisation :

[53] Martin & Schumann, p. 223

D'abord, il faut lutter à tous les niveaux pour une vision globale du développement de la société et réduire le champ de l'utilitarisme dans nos représentations : « … dans ce combat entre utilitarisme et vision globale, il y a le problème du temps, les problèmes de régulation par le temps dans la société. Le problème du partage du travail, du partage du temps est important du point de vue de l'emploi, mais cela va bien au delà, le temps est la ressource du sens, c'est la ressource du lien social et c'est enfin la ressource de l'emploi, mais nos sociétés postindustrielles ne savent pas bien gérer les temps sociaux. Elles ne donnent pas à chacun le droit de gérer son temps tout au long de sa vie ; elles n'organisent pas cela et elles restent dominées par une logique productiviste dans laquelle les gains de productivité servent **à produire toujours plus plutôt que de travailler moins**. »[54]

Un **deuxième** combat s'articule autour du problème « marché libre ou marché institutionnellement régulé ». Le mouvement associatif doit lutter pour un marché organisé autour de l'idée de coopération au lieu de l'idée de concurrence.

Le **troisième** combat est de trouver la bonne liaison entre développement économique et Etat Providence. Nous avons un problème d'équité intergénérationnelle : il ne faut pas reporter sur les générations futures les charges actuelles. Face aux nouvelles formes d'organisation du travail, de Foucauld préconise l'idée d'une « banque du temps » ou d'une « caisse nationale d'aménagement du temps, dans laquelle on cotiserait mais sur laquelle on pourrait tirer pour disposer d'un certain nombre de droits, des droits à la formation, des droits au temps libre mais avant la retraite, des droits au capital-initiative. ».

Le **quatrième** combat consiste à mettre en synergie les leviers et les acteurs de la cohésion sociale qui sont au nombre de sept : les entreprises, les syndicats, les collectivités locales, les grands services

[54] Jean-Baptiste de Foucauld, p. 9

publics de l'emploi ou de la formation, l'Etat lui-même, les demandeurs d'emploi eux-mêmes et le secteur associatif.

1. Le **cinquième** combat est celui des ONG que de Foucauld considère comme « un secteur démocratique, un secteur qui ne refuse pas le progrès technique, la professionnalisation et, en même temps, la maîtrise, et essaye de la gérer dans une perspective humaine ». Le secteur des ONG est le mieux placé pour gérer les six paramètres évoqués plus haut.

Lentement, la résistance contre la globalisation s'organise. Lors du Forum Européen de la Politique Sociale de 1996, une plate-forme des ONG européennes du secteur social s'est créée et c'est elle qui a collaboré à l'organisation du Forum de 1998.

Les associations du secteur social se sont regroupées pour lutter contre l'exclusion, pour plus de solidarité en Europe et avec les pays non-européens. Dans une plate-forme publiée à Bruxelles, elles essayent de définir le rôle des ONG dans une Europe Unie et demandent d'être associées à la planification politique.

Dans différents pays, des associations sont créées qui ont pour cible directe le problème de la globalisation comme par exemple ATTAC en France (Association pour une taxation des transactions financières pour l'aide des citoyens), initiée par Ignacio Ramonet, rédacteur en chef du « Monde diplomatique ».

Il y a donc plusieurs possibilités d'agir, les unes aussi valables que les autres. L'important, c'est de ne pas se laisser entraîner par le courant fataliste. On peut agir en tant qu'individu, en tant que membre d'une association démocratique, en tant que décideur politique, au niveau local, régional, national. Mais la solidarité avec les peuples exploités des pays en voie de développement doit rester un souci permanent dans toute démarche.

Das Geschäft mit der Angst

Sicherheit im öffentlichen Raum – Forum N° 213, Februar 2002

Gleich im Anschluss an den Kamikazeanschlag gegen das World Trade Center am 11. September bemühte sich der fliegende Reporter eines Radiosenders im Eindruck der noch rauchenden Ruinen seinen Zuhörern ein Zeugnis der Angstgefühle der Luxemburger Bevölkerung anzubieten. Nach einigen in ihrer Pertinenz stark eingeschränkten Antworten wandte er sich in seiner Not an eine Selbsthilfegruppe von Leuten mit Angst- und Panikstörungen. Die angesprochene Dame musste ihn daraufhin belehren, dass diese Formen von Angst nichts zu tun haben mit dem Gefühl der Unsicherheit, verbunden mit Angstgefühlen, das viele Menschen nach den Anschlägen von New York empfanden.

Diese kleine Anekdote macht deutlich, dass Angst ein Begriff ist, der oft undifferenziert in den unterschiedlichsten Zusammenhängen gebraucht wird. Ich will jedoch hier nicht auf die klinisch-psychologischen Aspekte des Phänomens Angst bei einzelnen Personen eingehen, sondern auf einige der sozialen, politischen, ökonomischen Auswirkungen kollektiver Angst- und Unsicherheitsgefühle. Die Ereignisse vom 11. September machten in noch nie gekanntem Ausmaß deutlich, wie die Gefühle der Menschen von Politikern und skrupellosen Geschäftemachern missbraucht werden können.

Das Ende des Kalten Krieges brachte für einige Jahre Hoffnung auf einen dauerhaften Frieden, auf ein Ende des Wettrüstens, auf ein Ende des Elends vieler Menschen in dieser Welt. Die wirtschaftliche Entwicklung, die im Keim schon alle Elemente der Globalisierung enthielt, erhielt durch den Fall der Berliner Mauer einen ungeahnten Schub wegen der Öffnung neuer Märkte und die Verlagerung ganzer Produktionsbereiche in Niedriglohnländer. Die hemmungslose Profitgier und die damit verbundene Reduktion der Produktionskosten brachten neues Elend und der Traum von einer sicheren und friedlichen Welt war schnell ausgeträumt. Nicht mehr einzelne Firmen oder Wirtschaftszweige, sondern die ökonomischen Systeme ganzer Nationen gingen bankrott wie wir es in den 90er Jahren in Korea, Japan und jetzt in Argentinien erlebten.

Der vierte Weltkrieg

Der französische Philosoph Jean Baudrillard erklärt die Attentate von New York als einen „Akt des äußersten Widerstands gegen ein System, dessen exzessive Macht selbst zu einer unlösbaren Herausforderung geworden sei: die Globalisierung, die Errichtung einer einheitlichen, die verschiedenen Kulturen nivellierenden Weltordnung“[55]. Die Globalisierung beruhe, wie früher der Kolonialismus, auf einer ungeheuren Gewalt und schaffe mehr Opfer als Nutznießer. Die angestrebte globale Anerkennung der Menschenrechte sei nur ein Alibi, Werbung für die unkontrollierte Ausdehnung der Marktwirtschaft. Bushs Freund-Feind Schema funktioniere nicht, der Feind sitzt im Herzen der Kultur, die ihn bekämpft. „Das ist, wenn man so will, der vierte Weltkrieg: nicht mehr zwischen Völkern, Staaten, Systemen und Ideologien, sondern der Gattung Mensch mit sich selbst.“

---

[55] Siehe das Interview mit Jean Baudrillard im Spiegel 3/02, S. 178 ff.

Edvard Munch, Der Schrei

Non olet

Als der erste Turm schon brannte, gelang es noch einigen skrupellosen Geschäftemachern, die Panik auszunutzen um illegale Transaktionen zu machen und damit Geld zu verdienen. Der schwarze Tag war noch nicht zu Ende, da hatten Amerikas Patrioten ihre Beteiligungen an Fluggesellschaften und anderen, durch die Anschläge in Verruf geratenen Branchen zurückgezogen und in andere - profitablere -

investiert, z.B. in die Anbieter von Sicherheitssystemen[56], Versicherungsgesellschaften und Logistik-Unternehmen. In den USA kletterten die Versicherungsprämien nach dem 11. September bis zu 90% und auch in Europa wurden, wo der Wettbewerb es zuließ, Prämienerhöhungen (z.B. Gefahrenzuschläge) erhöht. Für die Unternehmen sind das Kostensteigerungen, die sie natürlich auf die Preise umlegen.[57]

Des einen Leid, des anderen Freud

Dann kamen die Milzbrandattacken. Einzelnen Berichten zufolge sind die Erreger, die übrigens in amerikanischen Labors hergestellt wurden – warum wohl? – wahrscheinlich von US-Bürgern verschickt worden. Der FBI verfolgte Spuren, die auf Neonazigruppen hinwiesen, die mit den Taliban sympathisieren. Während im Monat Oktober in den USA die Nervosität zunahm, rieben sich die Aktionäre des Bayern-Konzerns in Deutschland die Hände. Das Chemieunternehmen produziert das Antibiotikum Cipro, ein Medikament zur Bekämpfung von Milzbrand[58]. Eine Cipro-Tablette wurde für 1,77 $ verkauft, die Herstellungskosten liegen im „Pfennigbereich“. Die US-Regierung wollte 1 Milliarde Tabletten kaufen. Nach einigem Hin und Her einigten sich die US-Gesundheitsbehörde und der Konzern auf einen Kaufpreis von 0,95 $ / Stück für 300 Millionen Tabletten. Die Amerikaner drohten damit, den Patentschutz für Cipro aufzuheben. Dieselbe US-Regierung hat

[56] Notiz auf dem Börsensite von Reuters und Handelsblatt. „Doch mit sicheren Kursgewinnen sollten Anleger nicht rechnen.“

[57] Antje Sirleschtov und Rita Neubauer: Das Geschäft mit der Angst – Sicherheit geht vor.

[58] 4 Die folgenden Informationen stammen aus einem Artikel von Boris Kanzleiter: “Bayer-Konzern versucht mit Anthrax-Medikament Extra-Profite zu machen“ in http://www.heise.de/tp/deutsch/inhalt/te/9953/l.html

jedoch Brasilien vor der WTO verklagt, da dieses Land versuchte, billige Medikamente zur Bekämpfung von AIDS herzustellen.

Auch Südafrika wurde von 39 Pharmakonzernen – darunter auch Bayer – in derselben Angelegenheit verklagt. Durch massiven Druck der Öffentlichkeit konnte erreicht werden, dass die Klagen gegen Südafrika zurückgezogen wurden, Brasilien bleibt jedoch weiterhin angeklagt. Gegen Bayer wird darüber hinaus in den USA ermittelt, da der Verdacht besteht, dass der Konzern dem Unternehmen Barr Laboratories 200 Millionen $ gezahlt hat, um die Produktion einer billigeren Version des Cipro-Antibiotikums zu verhindern.

Aber auch die amerikanischen Biotech-Unternehmen konnten sich freuen. In den Apotheken waren Antibiotika im Nu vergriffen und Firmen wie Nanogen oder Avant Immunotherapeutics konnten Kursgewinne von 49 respektive 57 Prozent verzeichnen[59].

Nur Fliegen ist schöner

Der Konkurrenzkampf unter den Fluggesellschaften führte zu einer Kostenreduktion im Sicherheitsbereich. Dieser Umstand wird dafür verantwortlich gemacht, dass die vier Flugzeuge am 11. September so problemlos entführt werden konnten. Die Angst der Menschen vor dem Fliegen wurde dadurch natürlich nicht abgebaut. Mehrere Gesellschaften überlebten den Jahreswechsel nicht. Andere Sektoren profitierten von dieser Entwicklung, so. z.B. die Post. Anstatt zu reisen, greifen viele zum Telefon oder versenden E-Mails. Telecom-Chef Sommer registrierte in Deutschland eine Belebung des Festnetzes nach dem 11. September. Auch die Bahn wird wieder mehr benutzt von Leuten, die nicht mehr in ein Flugzeug steigen möchten.

---

[59] 5 Stock World – Börsennews Biotechs, Oktober 2001.

Paketlösung

Aber auch innerhalb seiner vier Wände fühlt sich der Bürger nicht mehr in Sicherheit. „Die Angst vor Terrorangriffen, Giftgas, Bakterien und radioaktiven Strahlungen beherrscht seit dem 11. September die Bevölkerung [60]“. Die Privathaushalte rüsten auf. Die Nachfrage in Deutschland nach Gasmasken und Jodpillen ist sprunghaft gestiegen. Wo sonst nur gewerbliche Kunden wie Feuerwehr und Bergbaufirmen Bestellungen aufgaben, drängen jetzt Privatleute auf den Markt, so ein Sprecher des größten deutschen Herstellers von Atemschutzgeräten.

Die Berliner Firma Standort GmbH & Co entdeckte eine Marktlücke: Für nur 289 DM bot sie das Anti-Terrorpaket „Ensure 1“ an, enthaltend eine Atemschutzmaske, eine Packung Jodtabletten, einen Arztbrief, auf dem die wichtigsten Antibiotika gegen Milzbrand und Pestinfektion aufgelistet sind, ein Selbstschutzhandbuch und ... einen „topqualitativen Reise-Toilettenbeutel zur Aufbewahrung der Komponenten – mit Leerfächer für persönliche Dinge“. Mit dieser Ausrüstung sei man gegen einen Atomangriff sowie gegen einen biologischen und chemischen Anschlag gewappnet, so die Firma. Der Berliner Katastrophenschutz, der Deutsche Apothekenverband und die Stiftung Warentest liefen Sturm gegen das neue Produkt. Teuer und nutzlos, so das Fazit der Stiftung. Ende Oktober 2001 musste man jedoch bereits vier Wochen Lieferzeit in Kauf nehmen; die Firma bot keine Liefergarantie und die 9 Mark Reservierungsgebühr würden in keinem Fall zurückerstattet. Ein schnelles Geschäft mit der Angst?

Die Vollkasko-Mentalität

[60] 6 Dagmar Rosenfeld: Das Geschäft mit der Angst.

New York, 11. September 2001

Der Kauf eines Anti-Terror-Pakets fällt jedoch preislich nicht in die Waagschale im Vergleich zu dem was z.B. die Deutschen für Versicherungen ausgeben: 257,6 Milliarden Mark im Jahr 2000, Tendenz steigend[61]. Von 24,6 Millionen Kfz-Versicherungen sind knapp die Hälfte (11,3 Millionen) Vollkasko- Policen. Dazu kommen noch 3,4 Millionen Teilkasko-Kunden. In einem Interview der Märkischen Zeitung mit dem Stuttgarter Psychologen Dieter Luchmann meint dieser, dass viele Menschen „über das natürliche Bedürfnis nach Verringerung von Unsicherheit hinaus versuchen, in einer Welt, in der es keine absolute Sicherheit gibt, die Sehnsucht nach 100-prozentiger Sicherheit zu befriedigen".

---

[61] 7 Ralf Schüler: Die Versicherungsgesellschaft, Märkische Allgemeine Zeitung, 2.8.2001, S. 33.

Als Ursache für dieses Streben sieht Luchmann einen partiellen Realitätsverlust: Die Menschen hätten nicht gelernt, Verantwortung zu übernehmen und die Welt realistisch zu betrachten. Wirtschaft, Politik und Religion würden den Wunsch nach absoluter Sicherheit wecken durch Versprechungen, die nicht eingehalten werden können. „Die Ausbeutung der aus dem Konflikt zwischen Wunsch und Wirklichkeit resultierenden Angst war zu allen Zeiten ein profitables Geschäft".

Nicht umsonst haben Versicherungsfirmen unter allen Wirtschaftszweigen die höchsten Zuwachsraten. „Es gibt nichts, was Versicherer nicht versichern würden. Und es gibt nichts, was Menschen nicht versichert haben wollen". Beim Normalverbraucher handelt es sich dabei durchaus noch um überschaubare Anliegen wie Rechtsschutz, Zahnersatz und Sonderkonditionen bei Pflichtversicherungen. Sportler und Künstler lassen ihre Gliedmaßen millionenschwer versichern, um nicht in der Gosse zu landen. Die Versicherer ihrerseits lassen sich rückversichern, für den Fall dass…

Die Wach- und Schießgesellschaft

Versicherungen gelten für einigermaßen kalkulierbare Risiken. Wo das Risiko nicht mehr kalkulierbar ist, treten in der Regel Polizei, Justiz und in Extremfällen das Militär in Aktion. Allerdings entstand in den letzten Jahrzehnten eine Grauzone, die Hubert Beste wie folgt umschreibt: "Das vielbeschworene Kriminalitätsproblem, das die Sicherheit in den Metropolen angeblich gefährdet, wird zunehmend durch ein Phänomen überlagert, das in der amerikanischen Devianz Forschung mit dem Begriff ‚Disorder' bezeichnet wird. Danach sind es vor allem Schmutz, Belästigungen und Störungen diversester Art, die die Bewohner als konkrete Alltagserfahrungen irritieren - und deren Hauptursache in der Auflösung identitätsstiftender Sozialmilieus sowie im Zerfall sozialer Praktiken gesehen wird. Da es für diese Probleme keine spezifischen Beschwerdeinstanzen und kontrollpolitische Instrumentarien gibt, werden neue Kontrollstrategien sichtbar: Während die staatliche Seite eine veränderte Aufgabenbündelung und Prioritätensetzung vornimmt, treten gleichzeitig privatistische Sicherheitsgaranten auf, die partikulare Interessen als öffentliche Sicherheits- und Ordnungsvorstellungen ausgeben. Diese Agenda unterschiedlichster Kontrollinteressen scheint derzeit von Exklusionsstrategien dominiert zu sein, die wohl mittel-bis langfristig zu einer Verschärfung der urbanen Polarisierungstendenzen führen können."[62]

In einem Diskussionsforum des ZAKK (Zentrum für Aktion, Kultur und Kommunikation) in Frankfurt wurde die Problematik der Sicherheit im öffentlichen Raum in den Städten Frankfurt und Düsseldorf diskutiert. Festgestellt wurde, dass im Rahmen des immer enger werdenden Spielraums der Kommunen der öffentliche Raum zurückgedrängt werde und privates Hausrecht eine immer größere Ausdehnung erfahre. Private Sicherheitsdienste treten immer mehr in Erscheinung. Es gibt keine klaren Kompetenzregelungen zwischen ihnen und der Polizei. In Düsseldorf lobten Betroffene, z.B. Obdachlose, das Verhalten der Polizei, die immerhin nach einem festgelegten System von Normen handelt, kritisierten aber die Gewaltbereitschaft privater Sicherheitsdienste. In Frankfurt hingegen verfüge das Ordnungsamt über eine „paramilitärische Eingreiftruppe", die de facto als Ausländerpolizei fungiere.

Rechte Parteien schüren die Angstgefühle der Bürger, ebenso die Presse durch die Mediatisierung krimineller Straftaten. Sogar die Sicherheitskampagnen selber erzeugen Gefühle von Unsicherheit. Laut einem Bericht des österreichischen Innenministeriums[63] über das Geschäft mit dem Personenschutz wird bedauert, dass schießwütige

[62] Hubert Beste : Morphologie der Macht : Drogen, Prostitution, urbane Raumkontrolle, Campus-Verlag 2001.

[63] "Öffentliche Sicherheit" Nr. 12/1997.

Veranstalter Bodyguard-Kurse organisieren, in denen der Gebrauch der Waffe eindeutig im Mittelpunkt steht. Laut Tony Geraghty, der ein Buch über Leibwächter geschrieben hat, besteht deren Aufgabe jedoch in der Prävention und nicht in der Repression. Wollte Ex-Bürgermeisterin Polfer nicht auch private Sicherheitsbeamte für die Überwachung der Stadtparks einstellen?

Bin Laden und die Freiheit

Die Angriffe auf die Twin-Towers haben einen Mythos zerstört: Die Unverwundbarkeit der USA. Niemand hielt es für möglich, dass eine kriegerische Aktion dieses Ausmaßes im Zentrum der Macht stattfinden könnte. Die amerikanische Regierung reagierte hart: Sie benutzte die Gelegenheit, eine langfristig angelegte, die ganze Welt umfassende Kampagne gegen die „Feinde der Freiheit" einzuleiten. Der Kampf gegen den Terrorismus rechtfertigt alle Maßnahmen, auch das Töten von Unschuldigen. Dabei weiß die US-Regierung, dass sie den Terrorismus mit Bomben nie beseitigen wird. Inzwischen wird aber kräftig an diesem Krieg verdient, wie der Spiegel jüngst zu berichten wusste. Besonders eine Firma fährt Millionengewinne ein: die Carlyle Group, für die frühere Minister diverser US-Regierungen und George Bush Senior in Person arbeiten[64].

Nicht auszudenken ist, was noch alles geschehen wird und schon geschieht: Die Verstärkung der Spionage und Überwachungsaktivitäten der Geheimdienste in allen Ländern, denen natürlich zuerst wieder die Kriegsgegner und andere Querdenker zum Opfer fallen werden. Sogar das Bankgeheimnis sollte zum Entsetzen der Banken in Luxemburg und anderer Standorte gelockert werden. Aber auch in den USA beginnen Bürgerrechtsbewegungen sich gegen eine Beschränkung der bürgerlichen Freiheiten zu wehren.

---

[64] Spiegel Online, 16.1.2002.

Massenhysterie?

Angst ist laut dem Psychologen Luchmann „ein wertvolles Gefühl, das uns vor Gefahren schützt, indem es eine Flucht- oder Kampf-Reaktion auslöst. Es gibt eine biologisch vorgegebene Bereitschaft des Körpers, auf gewisse Dinge mit Angst zu reagieren. Ebenso kann sich der Schmerz einer körperlichen oder psychischen Verletzung so tief im Gedächtnis eingraben, dass allein der Gedanke an eine Wiederholung Angst oder Panik auslöst." Auf die Frage, wieso Angstzustände ganze Bevölkerungsgruppen erfassen können, die sich daraufhin leicht beeinflussen und manipulieren lassen, gibt eher die Soziologie als die Psychologie eine Antwort.

Der Heidelberger Arzt Karl C. Mayer spricht von massenhaft akut auftretenden psychogenen Erkrankungen – eben von Massenhysterie – die auf politischem Gebiet „katastrophale Folgen" haben können. Es gibt sie seit dem Mittelalter. Juden, Homosexuelle und Hexen waren oft die Auslöser, und die religiöse Variante, die bis zum Massenselbstmord geht, konnte in den letzten Jahren in Uganda, den USA und der Schweiz beobachtet werden. Die Sensationsmeldungen in Presse und Fernsehen können massenhysterische Erscheinungen verstärken, besonders bei Umweltängsten. Mayer beschreibt im Detail die Merkmale der Massenhysterie[65]. Erstaunlich ist, dass Betroffene tatsächlich Symptome einer echten Erkrankung aufzeigen, obschon keine Ursache nachweisbar ist.

Die Unsicherheit in der Bevölkerung – und damit die Angstbereitschaft – nimmt zu, wenn sich die Gesellschaft in einer Krise befindet. Auslöser können Armut, Arbeitslosigkeit, Krankheit, Gefährdung der Gesundheit, Angst vor der Kriminalität, aber auch

[65] http://www.neuro24.de/massenhysterie.htm

Perspektivlosigkeit und Sinnkrise sein. Wenn große Teile der Bevölkerung auf dem Höhepunkt der Krise völlig desorientiert sind, treten die Demagogen auf, die den Hass predigen. Die Nazizeit ist ein eindrucksvolles Beispiel für diese Prozesse. Die Kritik am Rechtsextremismus ist jedoch beendet. Es gibt dem, was dazu gesagt worden ist, nichts mehr hinzuzufügen. „Heute sind es prominente Politik und herrschende Medien, die Gas geben und jene Plätze und Räume schaffen, die von den realen Personen, die für Rechtsextremismus stehen, nur noch besetzt werden", so Klaus Richter in der österreichischen Zeitschrift Juridikum[66]. Ein Beispiel hierfür ist die Einwanderungsdebatte in Deutschland, wo die CDU/CSU sogar gegen die Meinung der Kirchen und der Unternehmerverbände an einer populistischen Stimmungsmache gegen die Ausländer festhält.

Angst essen Seele auf

Die Geschichte von Emmi und Ali, verfilmt 1973 von Rainer Werner Fassbinder hat sich seither zig-tausendmal wiederholt. Doch die Menschen scheinen aus der Vergangenheit nichts zu lernen. Muss wirklich jede Generation aufs Neue die Erfahrung von Verfolgung, Elend und Krieg machen. Anscheinend sitzt die Angst vor dem Anderen tief in uns drin. Judith Harris zitiert den Sozialpsychologen Henri Tajfel, der im Anschluss an die Robbers Cave Studie das Verhalten von Jugendlichen untersuchte: „Offensichtlich genügt die bloße Tatsache einer Unterteilung in Gruppen zur Auslösung diskriminierenden Verhaltens"[67]. In der Robbers Cave Studie wurden zwei Gruppen von Jugendlichen in ein Pfadfinderlager gebracht. Sie wussten nichts voneinander. Bereits bei der Wahrnehmung der Existenz einer anderen Gruppe begannen Feindseligkeiten

---

[66] Nr. 2/95, siehe http://normative.zusammenhaenge.at/beitraege/geschaeft_d_rechten.html

[67] 13 Judith Harris: Ist Erziehung sinnlos?, Rowohlt 2000, S. 198.

auszubrechen. Als sie bei Wettbewerben gegeneinander antreten mussten, steigerten sich die Feindseligkeiten bis hin zu Handgreiflichkeiten, um am Schluss des Experiments in einen regelrechten Bandenkrieg auszuarten.

Die Geschichte der Menschheit ist voll von Gräueltaten, die von Menschen gegen Menschen verübt wurden und täglich kommen neue hinzu. Hat der vierte Weltkrieg begonnen? Das Geschäft mit der Angst blüht. Von der Impfung über die Versicherung bis zum „Nuclear Defence Shield“ von Präsident Bush: Jedes Risiko kann versichert werden. Über die Kosten-Nutzen-Relation wird nicht diskutiert. Die Menschen, die das Vertrauen verloren haben, können sich jederzeit an eine der zahlreichen Endzeit-Sekten wenden. Zyniker können eine Krawatte mit dem Milzbranderreger als Motiv kaufen, made in USA.

"Vaincre la peur" par Pessin, in: Le Monde

Kinderarmut in den Nachbarländern

Länderbericht Luxemburg von Robert Soisson, Sepetmber 2009

Erschienen in: Jörg Fischer/Roland Merten (Hrsg.)
Armut und soziale Ausgrenzung von Kindern und Jugendlichen
Schneider Verlag Hohengehren GmbH, D-73666 Baltmannsweiler

1. Einleitung

Die internationale Konvention über die Rechte des Kindes hat zum ersten Mal in der Geschichte neben individuellen politischen und sozialen Rechten auch ökonomische Rechte von Kindern festgelegt. Das heißt dass die große Gemeinschaft der Unterzeichnerstaaten sich dazu *verpflichtet* hat, für das ökonomische Wohlergehen aller Kinder zu sorgen.

Neben einigen anderen in diesem Zusammenhang wichtigen Artikel hält besonders Artikel 27 fest:

„(1) Die Vertragsstaaten erkennen das Recht jedes Kindes auf einen seiner körperlichen, geistigen, seelischen, sittlichen und sozialen Entwicklung angemessenen Lebensstandard an.

(2) Es ist in erster Line Aufgabe der Eltern oder anderer für das Kind verantwortlicher Personen, im Rahmen ihrer Fähigkeiten und finanziellen Möglichkeiten die für die Entwicklung des Kindes notwendigen Lebensbedingungen sicherzustellen.

(3) Die Vertragsstaaten treffen gemäß ihrer innerstaatlichen Verhältnisse und im Rahmen ihrer Mittel geeignete Maßnahmen um

den Eltern und anderen für das Kind verantwortlichen Personen bei der Verwirklichung dieses Rechts zu helfen, und sehen bei Bedürftigkeit materielle Hilfs- und Unterstützungsprogramme insbesondere im Hinblick auf Ernährung, Bekleidung und Wohnung vor.

(4) Die Vertragsstaaten treffen alle geeigneten Maßnahmen, um die Geltendmachung von Unterhaltsansprüchen des Kindes gegenüber den Eltern oder anderen für das Kind verantwortlichen Personen sowohl innerhalb des Vertragsstaats als auch im Ausland sicherzustellen. Insbesondere fördern die Vertragsstaaten, wenn die für das Kind verantwortliche Person in einem anderen Staat lebt als das Kind, de Beitritt zu internationalen Übereinkünften oder den Abschluss solcher Übereinkünfte sowie andere geeignete Regelungen."

Das Jahr 1979 wurde von den Vereinten Nationen zum „Jahr des Kindes" deklariert. In vielen Ländern entstanden Kommissionen, die Nationale Berichte über die Situation der Kinder erstellten. Mancherorts wurden Aktionspläne aufgrund der Arbeitsvorlagen der UNO diskutiert und umgesetzt. Kinderarmut war eines der 19 Themen:

„Obschon sie in den Ländern leben, die ihnen statistisch gesehen die ‚besten' Lebensbedingungen anbieten, leiden die Kinder aus der 4. Welt unter schwersten Entbehrungen, schlechter Ernährung, miserablen Wohnungen und einer defizienten medizinischen Versorgung"[68]. Immer wieder wird in der Dokumentation von 1979

[68] Thèmes de l'Année Internationale de l'enfant N°15 : Les enfants du Quart Monde, Genève 1979, S. 2. Der Ausdruck „Quart Monde" bezeichnet in den französischsprachigen Ländern die arme Bevölkerung.

Alle Übersetzungen der zitierten Texte in Französisch und Englisch stammen vom Autor. Für eventuelle Ungenauigkeiten möchte ich mich im Vorhinein entschuldigen hervorgehoben in welchen Teufelskreis die Armut führt durch die beständige Diskrimination in Schule und Gesellschaft.

Eines der Resultate des Jahres 1979 war, dass eine Arbeitsgruppe geschaffen wurde, die eine Konvention über die Rechte des Kindes ausarbeiten sollte. 10 Jahre später wurde sie feierlich von der Vollversammlung angenommen.

20 Jahre nach der Ratifizierung der Konvention müssen wir jedoch feststellen, dass die im Artikel 27 formulierten Ziele nicht erreicht wurden, im Gegenteil: Kinderarmut nimmt überall zu. Sowohl in den Ländern der 3. Welt wie auch in den „reichen" Ländern wächst die Zahl der Kinder, die unter der Armutsgrenze leben.

Für marode Banken werden von heute auf morgen unvorstellbare Geldbeträge zu ihrer Unterstützung aufgebracht und die klugen Manager, die für die rezente (Miss)Wirtschaftskrise verantwortlich sind streichen Prämien ein, die ausreichen würden ein afrikanisches Dorf auf Jahrzehnte mit dem Notwenigen zu versorgen. Die horrenden Ausgaben für Waffen und die Unterstützung korrupter Diktaturen würden ausreichen um im Nu Armut und Krankheit auf der ganzen Welt zu tilgen. Die wichtigen Entscheidungen in der Weltpolitik verlagern sich zunehmend von den Regierungen in die Verwaltungsräte multinationaler Konzerne und für die sind die Menschen lediglich ein Kostenfaktor. (Dies klingt abgedroschen, doch ich finde es muss immer wieder hervorgehoben werden.)

Frankfurter Rundschau, 16.09.1998

2. Methodische Probleme bei der Beschreibung der Kinderarmut

Ein grundsätzliches Problem bei der Beschreibung der Kinderarmut sind verlässliche und vergleichbare Daten sowie Einigkeit über das methodologische Vorgehen. Welches Land möchte schon verlässliche Zahlen über die Armut seiner Kinder veröffentlichen? Das Komitee für die Rechte des Kindes in Genf hat als Hauptaufgabe, die Umsetzung der Internationalen Konvention zu überwachen. Jeder der Unterzeichnerstaaten ist verpflichtet, alle 5 Jahre einen ausführlichen Bericht auf der Grundlage eines Fragebogens zu erstellen. Zusätzlich zu den Berichten der Regierungen können die NGOs des betreffenden Landes eigene Berichte einsenden. In einer „pre-session" werden die NGOs nach Genf eingeladen um ihre Berichte zu kommentieren; in der eigentlichen Sitzung werden die Regierungsvertreter gehört und die

NGOs dürfen als Beobachter teilnehmen. Diese Sitzungen sind natürlich sehr spannend, da die Regierungsvertreter die Lage in der Regel beschönigend darstellen und die NGOs sehr die Situation eher kritisch einschätzen.

Immer wieder taucht in den Diskussionen die Frage der Zuverlässigkeit des vorgelegten Zahlenmaterials auf. In einem Dokument bezieht die Kommission zu dieser Frage Stellung:[69]

„Die Sammlung von genügend und verlässlichen Daten über Kinder, aufgeschlüsselt in einer Form die Diskriminierung oder Unterschiede in der Verwirklichung der Rechte verdeutlicht, ist ein wesentlicher Bestandteil der Umsetzung der Konvention. Das Komitee erinnert die Vertragsstaaten daran, dass Datensammlungen die ganze Periode der Kindheit, von der Geburt bis zum Alter von 18 Jahren, erfassen sollen. Dabei sollen national anwendbare Indikatoren entwickelt werden. Die Vertragsstaaten sollten mit Forschungseinrichtungen zusammenarbeiten um ein möglichst vollständiges Bild, sowohl quantitativ als auch qualitativ, des Umsetzungsprozesses zu schaffen. Die Richtlinien zur Erstellung der periodischen Berichte verlangen detaillierte aufgeschlüsselte Daten zu allen Bereichen der Konvention. Es reicht jedoch nicht, wirksame Systeme zur Datenerhebung auszuarbeiten, es muss auch dafür gesorgt werden, dass die Daten gesammelt, ausgewertet und eingesetzt werden bei der Beurteilung der Fortschritte im Umsetzungsprozess, bei der Identifikation von Problembereichen sowie der Information über Fortschritte in der Kinderrechtspolitik.

Das Komitee lobt die Unterzeichnerstaaten, die eine jährliche Publikation mit umfassenden Berichten über sie Situation der Kinderrechte geschaffen haben. Die Publikation und ihre weite Verbreitung schafft eine öffentliche Debatte, welche das öffentliche Engagement für die Rechte des Kindes fördern kann. Übersetzungen

[69] General Comments of the Committee on the Rights of the Child, UNICEF, Florence (Italy), Dec. 2006, S. 38

und kinderfreundliche Versionen sind wichtig für die Einbeziehung von Kindern und Minoritäten in den Prozess.

Das Komitee weist darauf hin dass in vielen Situationen nur die Kinder selbst Auskunft darüber geben können ob ihre Rechte gewahrt sind oder nicht. Interviews mit Kindern und der Einsatz von Kindern in Untersuchungsteams sind wichtige Methoden um herauszufinden, ob z.B. ihre Bürgerrechte – wie das in Artikel 12 festgehaltene Recht auf Äußerung und Berücksichtigung seiner Meinung – in Schulen, Familien usw. berücksichtigt werden."

Die Sorge des Komitees um die Erhebung verlässlicher Daten ist besonders im Bereich der Kinderarmut berechtigt: Im Moment wird Kinderarmut noch mit ganz verschiedenen, wenn auch komplementären, Methoden untersucht.

3. Die CEPS-Studie und ihre Schlussfolgerungen

Eine der umfassendsten Studien zur Kinderarmut wurde in Luxemburg vom CEPS/INSTEAD in Zusammenarbeit mit der Universität Nancy erstellt: „Les enfants pauvres au Luxembourg et en Europe“ (Arme Kinder in Luxemburg und in Europa)[70], zitiert im Folgenden als CEPS-Studie.

Die Studie geht davon aus, dass es viele verschiedene Methoden gibt, Armut statistisch zu erfassen und dass sich die Lage einzelner Länder in einer Rangskala erheblich verändern kann, je nachdem welche Methode angewandt wird.

Die Autoren geben zu bedenken, dass im europäischen Durchschnitt nur ein Viertel aller Haushalte Kinder haben (25%). Es

---

[70] Bruno JEANDIDIER, Anne REINSTADLER, Jean-Claude RAY und Jean-Luc KOP : Les enfants pauvres au Luxembourg et en Europe, Cahier PSELL, novembre 2003

ist daher sinnvoll, die Situation von den Haushalten mi einem oder mehreren Kindern differenziert zu erfassen.

Die Autoren schlagen 4 Indikatoren zur Erfassung der Armut vor:

- der *Armutsgrad* gibt Auskunft über die Verbreitung des Phänomens.
- der *Forster-Greer-Thorbecke Index (FGT)*[71], der einer „multi-level-approach“ entspricht und einen Koeffizienten einführt, der deutlicher anzeigt, wieviel Leute weit entfernt oder nahe bei der definierten Armutsgrenze liegen.
- Der 3. Index ist eine Abweichung des FGT, der diese extreme Armut noch besser hervorhebt.
- Der *Index von Sen* verbindet einen FGT-ähnlichen Berechnungsmodus mit der ungleichen Verteilung der Existenzbedingungen innerhalb der armen Population. Berücksichtigt werden Haushalte mit Kindern unter 16 Jahren.

In der folgenden Tabelle sind die Bruttoergebnisse sowie die Rangplätze der einzelnen Länder erfasst. Keine Daten gibt es für Polen und Tschechien, die bei er Datenerhebung noch nicht zur EU gehörten. Als Vergleich, die Werte von Großbritannien und Finnland, die Länder mit den durchgehend schlechtesten respektive besten Resultaten bei den Ländervergleichen.

71

$$\frac{1}{N}\sum_{i=1}^{n}\left[\frac{(S-R_i}{S}\right]^{\alpha}$$

Die Berechnung des FGT ist die oben aufgeführte Formel, wobei N die Gesamtzahl der Personen ist, n die Zahl der armen Personen, S die Armutsgrenze und R die Existenzbedingungen. Je höher α desto ausgeprägter ist die Armut.

In dieser Tabelle gibt es große Unterschiede zwischen der 1. Und der 2. Kolonne. Bei Euostat wird der Armutsgrad mit 60% des medianen Pro-Kopf Einkommens angegeben. Senkt man die Grenze jedoch auf 50% und nimmt damit die besonders ausgeprägten Armutsverhältnisse mit in Betracht, so springt Luxemburg z.B. von Rang 10 auf Rang 3 der 14 untersuchten Staaten. Verschärft man den FGT Index noch, ändert sich bei den meisten Ländern nicht mehr viel und auch der Sen Index bringt nur geringe Verschiebungen. Im Falle Luxemburgs bedeuten diese Aussagen, dass relativ viele Personen nahe an der Armutsgrenze liegen, dass die ganz armen Leute jedoch selten sind (was durch die relativ hohen Verdienste in Luxemburg erklärt werden kann).

Tabelle 1: Indikatoren der Kinderarmut, berechnet nach dem verfügbaren Einkommen, den Konsumeinheiten von 1995 und der Armutsgrenze bei 60% des Medians des nationalen Pro-Kopf Einkommens (Rangplätze in Schrägschrift); Quelle: ECHP, Eurostat, 1996

Land[72]	Armutsgrad in %		FGT Index (α=1)		FGT Index (α=2)		Sen Index	
Belgien	16,9	5	5,4	7	2,5	7	7,8	7
Dänemark	4,7	2	0,6	1	0,2	1	0,9	1
Deutschland	**21,8**	**7**	**5,6**	**9**	**2,7**	**8**	**8,4**	**9**
Frankreich	23,3	8	5,2	5	1,82	5	7,0	5
Holland	15,3	3	5,4	8	3,5	10	8,1	8

[72] CEPS-Studie S. 15

Luxemburg	23,6	10	4,3	3	1,7	3	6,6	4
Österreich	18,9	4	4,3	4	1,83	6	6,4	3
Polen	-	-	-				-	-
Tschechien	-	-	-	-	-	-	-	-
Großbritannien	27,1	13	9,24	13	4,5	11	12,7	13
Finnland	3,7	1	0,6	2	0,2	1	1,0	2

Diese Daten beziehen sich auf die Gesamtpopulation. Die Autoren geben zu bedenken, dass im europäischen Durchschnitt nur ein Viertel aller Haushalte Kinder haben (25%). Es ist daher sinnvoll, die Situation von den Haushalten mit einem oder mehreren Kindern differenziert zu erfassen.

Tabelle 2: Struktur der Haushalte je nachdem ob sie Kinder unter 16 Jahren begreifen oder nicht. (Zusätzlich Portugal und Irland als die Länder mit den meisten Kindern in den Haushalten) Quelle: ECHP, Eurostat, 1996

Land	Haushalte mit Kindern	Haushalte ohne Kinder
Belgien	27,1	72,9
Dänemark	24,1	75,9
Deutschland	**23,5**	**76,5**
Frankreich	27,4	72,6
Holland	25,9	74,1
Luxemburg	29,1	70,9
Österreich	30,1	69,9
Polen	-	-
Tschechien	-	-
Portugal	38,0	62,0

Irland	40,0	60,0

In dem Falle sieht die Tabelle etwas anderes aus: Wenn der Armutsgrad durch seine Ausprägung (FGT Index) gewichtet wird, ändert sich z.B. der Rang Luxemburgs von 10 auf 4. Das heißt, dass der Schweregrad der Armut weniger hoch ist als in anderen europäischen Ländern. Für diese Länder, darunter **Deutschland**, Griechenland, Spanien, Portugal und besonders Holland, wird die Armut in den Haushalten mit Kindern noch verdeutlicht.

Tabelle 3: Indikatoren der Kinderarmut der Haushalte mit Kindern; Quelle ECHP, Eurostat 1996

Land[73]	Armuts-grad in %		FGT Index (α=1)		FGT Index (α=2)		Sen Index	
Belgien	14,8	*4*	4,0	*5*	2,0	*7*	6,0	*5*
Dänemark	3,9	*2*	0,5	*1*	0,2	*1*	0,9	*1*
Deutschland	**17,8**	*7*	**5,6**	***9***	**2,8**	***8***	**7,9**	***9***
Frankreich	15,8	*5*	3,5	*3*	1,3	*3*	4,9	*3*
Holland	14,6	*3*	5,2	*8*	3,3	*10*	7,7	*8*
Luxemburg	19,4	*10*	3,6	*4*	1,3	*3*	5,3	*4*
Österreich	17,6	*6*	4,2	*6*	1,9	*6*	6,3	*6*
Polen	-	-	-	-	-	-	-	-
Tschechien	-	-	-	-	-	-	-	-

[73] CEPS-Studie S. 15

Großbritannien	23,8	*13*	8,1	*13*	4,0	*12*	11,1	*12*
Finnland	23,9	*14*	4,9	*7*	1,7	*5*	6,9	*7*

Neben den rein monetären Vergleichen versucht die EU auch die subjektive Wahrnehmung der Armut durch eine Reihe von 37 Indikatoren zu erfassen. Bei der Auswertung der Resultate wurden neben dem verfügbaren Einkommen 11 Indikatoren für die subjektive Beurteilung der Alltagsprobleme und 13 Indikatoren für die Bewertung schlechter Existenzbedingungen. Für die Haushalte mit Kindern ergibt sich folgende Übersicht für diese 3 Indikatoren (alle 14 Länder der EU-Studie):

Tabelle 4: Klassifizierung der Länder nach den Durchschnittswerten der drei Armutsindikatoren berechnet für die Haushalte mit Kindern: Quelle ECHP, Eurostat, 1996

Rang	Monetäre Existenzbedingungen		Rang für “schlechte Existenzbedingungen“		Rang für „subjektive Schwierigkeiten“	
1	L	20.015	FIN	0,80	NL	1,84
2	DK	14.322	L	1,30	DK	1,96
3	B	14.277	**D**	1,37	L	2,00
4	**D**	13.389	DK	1,42	**D**	2,48
5	AU	13.262	UK	1,55	B	2,60

6	F	13.034	AU	1,560	AU	2,94
7	UK	12.044	F	1,564	UK	3,16
8	FIN	11.515	NL	1,58	F	3,19
9	NL	11.457	B	1,76	IRL	3,49
10	IRL	11.030	IRL	1,85	FIN	3,86
11	IT	9.746	IT	2,14	IT	4,25
12	ESP	8.921	ESP	2,74	ESP	4,63
13	GR	8.635	GR	3,55	P	5,37
14	P	7.693	P	4,29	GR	5,69

Überraschend in dieser Tabelle ist das schlechte Abschneiden Finnlands in der Rubrik „subjektive Schwierigkeiten". Ist das etwa eine Erklärung dafür dass Finnland eine erschreckend hohe Selbstmordrate hat? In dieser Tabelle wird das Nord-Süd-Gefälle wiederum sehr deutlich.

Die Autoren erwähnen Studien, welche die Entwicklung der Armut beschreiben, andere, die mit transversalen Untersuchungen Momentaufnahmen von der Armut mit und ohne Einbezug der sozialen Transferleistungen liefern. Ihre eigene Untersuchung soll in einer „multi-level-approach" die verschiedenen Ansätze verbinden. Drei Bereiche werde mit einbezogen: Die Situation des Haushalts am Arbeitsmarkt, die demographische Situation sowie kontextbezogene Merkmale (Ausmaß und Ausrichtung der Sozialpolitik). Als Datenmaterial kommt der European Community Household Panel, ECHP, zur Anwendung.

In diesem abschließenden Teil ihrer Studie kommen Jeandidier et al. zu drei Schlussfolgerungen, die auch von anderen Studien her bekannt sind, hier aber mit genauem Zahlenmaterial belegt sind, dass leider aus Platzgründen hier nicht in tabellarischer Form wiedergegeben werden kann.

1. Alleinerzieher sind mehr als andere von Armut betroffen, und das in ***allen*** europäischen Ländern
2. Familien mit vielen Kindern sind auch in ***allen*** europäischen Ländern einem höheren Armutsrisiko ausgesetzt Besonders in Österreich und Belgien, Holland und Deutschland ist dieses Risiko sehr ausgeprägt (Jeandidier et al., S. 38)
3. Die Zahlen der Untersuchung belegen auch dass die Armut in ***allen*** Haushalten der EU zunimmt, je weniger Familienmitglieder einer bezahlten Arbeit nachgehen.

Soziale Transferleistungen, die Alleinerziehende und kinderreiche Familien unterstützen tragen also wesentlich zur Bekämpfung der Armut bei. Auch Beschäftigungsinitiativen aller Art wirken in dieselbe Richtung.

4. Armut in den verschiedenen Altersgruppen der Kinder und Jugendlichen

Auf der Webseite einer französischen Familienorganisation wird eine europäische Erhebung (Panel Européen des Ménages) zitiert, die auch die verschiedenen Altersgruppen in Betracht zieht (damals waren Polen und Tschechien noch nicht Mitglied der EU):

Tabelle 5: Armut in den verschiedenen Altersgruppen der Kinder und Jugendlichen

Jahre	B	DK	**D**	F	L	NL	AU
0-3	16	4	22	14	22	12	13
3-6	17	4	20	16	15	15	17
6-12	17	3	20	18	18	13	17

12-18	26	6	19	20	21	15	15

Die Webseite gibt keine Auskunft über die Art der Erhebung und die Bedeutung der Indizes. Da es sich um eine europäische Studie handelt müsste dies auf den entsprechenden Webseiten der EU zu finden sein. Interessant sind die Schlussfolgerungen:

Armut und Kinderzahl:

- In allen 15 EU-Staaten leben arme Kinder in Großfamilien
- In Dänemark und Finnland ist die Kinderarmut sehr niedrig und unter dem Durchschnitt der Gesamtbevölkerung
- Je größer die Familien in Belgien, Frankreich und Finnland sind, desto mehr genießen sie die Vorteile von sozialem Transfer
- In Holland, Deutschland, Luxemburg, England und Irland haben die Familien mit einem Kind die geringeren Probleme, der Armut zu entweichen, bei 2 bis 3 Kindern wird es problematisch.
- In Italien und Spanien ist die Armut verhältnismäßig gering weil die intergenerationelle Solidarität viel ausgeprägter ist als in anderen Ländern, besonders bei alleinerziehenden Familien...

Sozialtransfers sind laut dieser Studie relativ selten in den südeuropäischen Ländern. In England und Irland reichen sie nicht dazu aus, Armut zu kompensieren wohingegen dies einigermaßen gelingt in Frankreich, Belgien und Luxemburg.

5. Studien zum Wohlbefinden der Kinder und Jugendlichen

Die Studie „Das Wohlbefinden der Jugendlichen in Luxemburg“ 1999/2000 in Luxemburg durchgeführt in Anlehnung an die internationale Studie „Health Behaviour in School-Aged Chilenen“ der World Health Organisation (WHO). Über 7000 Jugendliche der Sekundarschulen wurden befragt, was rund ein Drittel der Schüler dieser Altersgruppe ausmacht. Die Studie ist daher mehr als repräsentativ.

Es gab einen umfassenden Fragebogen enthaltend Daten zu(r)

- Person
- Lebensgewohnheiten
- Körper/Gesundheit
- Freizeit/Mobbing
- Partnerschaft/Sexualität

Die Erhebung war ein großer Erfolg in dem Sinne dass fast alle Kinder und Jugendliche mitmachten und dass unter den Jugendlichen viel über die verschiedenen Themen diskutiert wurde. Der Fragebogen hatte also einen ausgeprägten „awareness-rising“ Effekt. Diese Daten ergänzen Erhebungen zur monetären und nicht-monetären Armut indem sie ausdrücklich das individuelle Wohlbefinden des Kindes zu erfassen versuchen.

Eine solche Studie ist der „Child Welfare Index“ der von Wissenschaftlern der Universität York im Auftrag vom „Child Poverty Action Group“ erstellt wurde. Hier wurden 7 Faktoren untersucht, die ein ziemlich genaues Bild vom Wohlbefinden der Kinder in 29 europäischen Staaten abgeben. Details über die Datenerhebung findet man in dem Bericht „Child Wellbeeing and Child Poverty“ auf der Webseite von CPAG. [74] So wurden als Indikatoren für die *Gesundheit* der Zustand bei der Geburt, Impfungen und Verhaltensweisen der Kinder erfasst. Das *subjektive Wohlbefinden* umfasste Angaben zur allgemeinen Lebenszufriedenheit, Wohlbefinden in der Schule usw. Die *Beziehungen* der Kinder zu den Eltern und Freunden wurden erfragt.

[74] www.cpag.org.uk – Spring 2009

Als Indikatoren *für materielle Ressourcen* wurden statistische Armutsindikatoren untersucht sowie Angaben über den Besitz von Büchern, Spielzeug usw. Das *Risikoverhalten* wurde gemessen an Streitigkeiten, Bullying, Todesraten, sexuellen Aktivitäten sowie Alkohol- und Drogenkonsum. Die *Ausbildung* wurde über Schulresultate erfasst und die *Wohungssituation* u.a. über die Häufigkeit von Kriminalität und Umweltbelastungen.

Für die uns interessierenden Länder sieht die Tabelle wie folgt aus (niedrige Werte = gut; hohe Werte = schlecht):

Tabelle 6: Wohlbefinden der Kinder nach Staaten

Rang	**Land**	**1**	**2**	**3**	**4**	**5**	**6**	**7**
1	NL	2	1	1	7	4	4	9
6	DK	3	5	10	9	15	12	5
8	**D**	**17**	**12**	**8**	**12**	**5**	**6**	**16**
10	L	5	17	19	3	11	16	7
11	AU	26	2	7	8	19	19	6
14	B	18	13	18	15	21	1	12
15	F	20	14	28	11	10	13	10
16	CZE	9	22	27	6	20	3	22
20	PL	8	26	16	26	17	8	23

1. Gesundheit
2. Subjektives Wohlbefinden
3. Qualität der Beziehungen
4. Materielle Ressourcen
5. Risiko-Verhalten
6. Ausbildung
7. Wohnung, Umgebung

Die Extrapolation der Daten erfolgte diesmal im Verhältnis zu den Ergebnissen für Großbritannien, das auf Rang 24 noch hinter all den aufgeführten Ländern figuriert. Auch hier wäre es interessant gewesen, die Rangliste im Verhältnis zu den Resultaten Deutschlands umzurechnen. Was an der Gesamttabelle auffällt sind die guten Ergebnisse der nördlichen Länder, gefolgt von Zentral- und Südeuropa. Schlusslichter sind Rumänien, Bulgarien, Lettland und Litauen. Für mich überraschend erzielte Malta den letzten Rang.

6. Schlussfolgerung

Bei der Arbeit über diesem Thema wurde mir bewusst, dass es noch einer ganzen Reihe von Initiativen bedarf, das Thema der Kinderarmut adäquat zu beschreiben. Wie in der Einleitung gesagt muss die Datenerhebung ausgebaut und verfeinert werden. Auf jeden Fall sollten die Kinder und Jugendlichen als „Experten" ihrer eigenen Lebenslage in diese Untersuchungen einbezogen werden und zwar nicht nur als Objekte einer Befragung sondern als Subjekte bei der Erstellung von Fragebögen und der Entwicklung von Befragungsmethoden.

Die Europäische Kommission hat 2010 zum Jahr der Bekämpfung von Armut und sozialer Ausgrenzung. Auf der Webseite werden alle Bürger zur Mitarbeit aufgefordert. Dies wäre zumindest eine Gelegenheit um die Kinderarmut in den Vordergrund zu stellen

RS, 29.09.09

SOZIALE ARBEIT IN LUXEMBURG
Soziale Arbeit im grenzüberschreitenden Vergleich

Das Spannungsfeld von Hilfe, Schutz und Kontrolle in der Großregion

Länderbericht Luxemburg

Eine objektive Bestandsaufnahme über den Zustand der fachlichen Auseinandersetzung im Bereich der sozialen Arbeit in Luxemburg, und besonders in dem – explosiven – Spannungsfeld von Hilfe, Schutz und Kontrolle zu machen ist ein Ding der Unmöglichkeit, aus den Gründen, die ich erläutern werde. Es sei denn es gibt jemand in diesem kleinen Land, wo doch angeblich jeder jeden kennt, der dies bewältigen könnte; ich jedenfalls kenne ihn nicht.

Wenn also Objektivität im Sinne einer umfassenden und wertneutralen Beschreibung nicht hergestellt werden kann, bleibt nur die Möglichkeit einer subjektiven, unvollständigen und von den Einstellungen des Vortragenden gezeichneten Berichterstattung, zu der ich hier antrete.

Das muss nicht unbedingt ein Nachteil sein: Der Vortrag könnte unter Umständen viel spannender, farbiger und engagierter sein als die Pflichtübung eines blassen aber eifrigen Regierungsbeamten, der wegen seiner Zurückhaltungspflicht, seinem Nationalbewusstsein oder seiner Unwissenheit sich krampfhaft bemühen würde, ein auch nur einigermaßen positives Bild der Lage der Nation zu zeichnen.

Da ich offensichtlich nicht dieser Kategorie von Zeitgenossen zuzurechnen bin, schulde ich Ihnen eine kurze und deshalb notwendigerweise unvollständige Beschreibung meiner Person damit Sie das hier Vorgetragene auf diesem Hintergrund interpretieren zu können. Ich bin Diplom-Psychologe und habe von 1969 bis 1975 in Luxemburg und Heidelberg Psychologie, Soziologie und Philosophie studiert. Seit 1975 arbeite ich hauptberuflich in Luxemburg als Schulpsychologe, zunächst in mehreren Sekundarschulen, dann ab 1977 in der schulpsychologischen Beratungsstelle der Stadt Esch-sur-Alzette. Nebenberuflich bin ich bis heute als Mitarbeiter oder Berater in diversen Einrichtungen der Heimerziehung und Tagesbetreuung auf verschiedenen Ebenen engagiert. Ehrenamtlich bin ich sowohl national wie auch international in vielen Bereichen aktiv: Kinderwohlfahrt, Kinderrechte, Kultur, Einwanderung, Medienerziehung, Integration von Behinderten usw.

Mein Leben hat sich in vielen Spannungsfeldern abgespielt und deshalb habe ich keine Mühe über ein Spannungsfeld zu berichten, das in Luxemburg dadurch gekennzeichnet ist, dass Spannung nur sehr selten aufkommt.

Nun könnte es durchaus sein, dass für diesen oder jenen Heimleiter die Diskussion, ob das Taschengeld der Kinder in der Altersgruppe 10 bis 12 Jahre von 0.57 € pro Tag auf 0.58 € erhöht werden soll zu Nervenzerreißproben führen kann und er je nachdem welche Entscheidung fällt bei den nächsten Parlamentswahlen seine Stimme der Opposition geben wird. Ich habe meistens sehr viel Mitgefühl für seine Aufregung und seinen Ärger, aber das ist nicht die Art von Spannung, die ich mir von einer fachlichen Diskussion im Bereich der erzieherischen Hilfen im Lande Luxemburg erwarte.

Eigentlich könnte mein Vortrag in einem einzigen Satz bestehen: „Bedauerlicherweise findet in Luxemburg eine fachliche Auseinandersetzung im Spannungsfeld von Hilfe, Schutz und Kontrolle nicht statt, danke für Ihre Aufmerksamkeit."

Der vorhin erwähnte Regierungsbeamte würde sich natürlich bemühen, alle Konferenzen, Seminare und Zeitungsartikel aufzuzählen, die in Luxemburg stattgefunden haben bzw.

veröffentlicht worden sind und die vorzügliche Arbeit aller Mitarbeiter im Interesse der vernachlässigten und misshandelten Kinder loben.

Das werde ich also nicht tun und stattdessen versuchen herauszufinden, weshalb keine Theoriediskussion stattfindet und vor allem weshalb sie nicht stattfinden kann und wenn überhaupt, dann nur in einem Rahmen wie diesem.

Womit diese Tagung aus Luxemburger, bzw. meiner Sicht einen hohen Stellenwert hat und unabhängig von ihrem Ausgang bereits Vorschusslorbeeren verdient.

Luxemburg hat in der Großregion eine Machtposition: Seine wirtschaftliche Nischenpolitik hat es erlaubt, Reichtum und Arbeitsplätze zu schaffen. Ein Drittel der aktiven Bevölkerung sind Ausländer, ein weiteres Drittel Grenzgänger und nur ein Drittel Einheimische. Die Löhne sind doppelt, manchmal dreimal so hoch wie die Löhne in den Grenzgebieten.

Dass Luxemburg ein reiches Land ist, ist bekannt; wie der Reichtum jedoch verteilt ist weniger. Löhne und Gehälter sind in Ordnung, aber nicht für alle. Auch in Luxemburg gibt es Armut. In einem Staat, in dem jede Kritik als Nestbeschmutzung abgetan wird ist es schwierig, genaue Informationen über relevante Bereiche wie z.B. die soziale Lage der Bevölkerung zu erhalten. Statistiken gibt es meistens gar nicht, wenn überhaupt sind sie unvollständig und schwer zugänglich. In den seltensten Fällen werden sie ausgewertet und interpretiert.

Ein Beispiel: Die Ausgaben des Erziehungsministeriums steigen jedes Jahr, wie die Ministerin stolz verkündet. Aber welcher Teil davon ist inflationsbedingt; welchen Teil nehmen die Gehälter der Lehrer ein; wie können die Zahlen mit den Statistiken aus dem Ausland verglichen werden?

In der Pisa-Studie hat Luxemburg noch schlechter abgeschnitten als Deutschland. Die Diskussion darüber ist symptomatisch für die Art und Weise, wie Problembewältigung in Luxemburg – aber auch in anderen Ländern – stattfindet: Die Parteigänger versuchen, die Ergebnisse so umzudeuten, dass sie ihnen politisch in den Kram passen, die Betroffenen üben sich in Schuldzuweisungen aber eine Bereitschaft, das System und sich selbst in Frage zu stellen findet sich bei den wenigsten.

Luxemburg ist ein sehr kleines Land und kann sich vieles nicht leisten, was für seine großen Nachbarn selbstverständlich ist. Ein Tante-Emma-Laden hat keine eigene Marketing-Abteilung und kann auch auf ein Createam verzichten. Deshalb bleibt es auch immer ein Tante-Emma-Laden. Ein kleiner Staat braucht aber Strukturen, die jeder Staat braucht um zu funktionieren. Wenn auch noch internationale Verpflichtungen hinzukommen, sind die oberen Belastungsgrenzen schnell erreicht. In Luxemburg muss ein einziger Beamter erledigen, was in größeren Ländern ganze Hundertschaften bewältigen. Manche Leute finden das ganz toll aber die Betroffenen haben das Nachsehen: schleppende Prozeduren, Mangel an Initiativen, keine fachliche Beratung und Supervision usw.

Das uns hier interessierende Spannungsfeld von Hilfe-, Schutz- und Kontrollorientierung ist aus meiner Perspektive natürlich nur ein Beispiel unter vielen, das belegt, wie unüberlegt und unwissenschaftlich unser Staat versucht, Probleme in den Griff zu bekommen.

Unsere Ministerien reagieren mehr als sie agieren, und oft nur auf internationalen Druck hin. Es fehlt eine pro-aktive Politik im Bereich der Sozialarbeit. Die Diskussion um die geschlossene Unterbringung flammt immer wieder auf wenn das Internationale Komitee gegen die Folter seinen Bericht über Kinder- und Menschenrechtsverletzungen im Luxemburger Gefängnis von

Schrassig vorlegt. Nachdem jetzt im Oktober 2002 nach mehr als 15 Jahren „Planung" Pläne für den Bau einer geschlossenen Abteilung in dem Erziehungsheim für Jugendliche in Dreiborn (Centre Socio-Educatif de l'Etat) vorgelegt wurden, scheint die Marschrichtung klar. Alternativen wurden kaum, sicher aber nicht öffentlich, diskutiert. Die Bedenken der wenigen Kritiker dieser Entscheidung richten sich nicht sosehr gegen das Prinzip der geschlossenen Unterbringung an sich sondern gegen die Art und Weise, wie in Zukunft damit umgegangen werden wird.[75]

Warum ist es schwer, wenn nicht sogar unmöglich, eine Theoriediskussion in Luxemburg zu führen?

Das Fehlen einer Universität mit dem Fachbereich Sozialpädagogik

Es gibt in Luxemburg universitätsähnliche Einrichtungen, die bruchstückhaft Elemente von universitären Curricula anbieten. In den letzten Jahren wurde in der Presse eine breite Diskussion um das für und wider einer Universität in Luxemburg diskutiert. Ich möchte die Diskussion hier nicht in allen Einzelheiten erläutern. Die Befürworter kommen vor allem aus dem Erziehungswesen und glauben, dass Luxemburg die finanziellen und intellektuellen Voraussetzungen für die Umsetzung hat und dass z.B. der Bankenplatz ein Bedürfnis nach einem Ort für Forschung und Weiterbildung hat, dem diese Universität gerecht werden könnte. Die Kritiker sehen in der Universitätsgründung den Versuch verschiedener Sekundarschullehrer, ohne Umwege zu akademischen Ehren zu kommen und bestreiten die Existenz eines wissenschaftlichen Potentials in Luxemburg. Sowohl die Lehrer als auch die Studenten

[75] Siehe dazu Sabine Pankofer: Was bringt Zwangserziehung? Erfahrungen mit geschlossener Unterbringung im Europäischen Vergleich in: Th. Höynckh, R. Soisson, W. Trede, H.-D. Will (Herausgeber) : Jugend-Hilfe – Jugend-Strafe; FICE Europe Publications, IGfH-Verlag, Frankfurt-am-Main 2002

müssten importiert werden. Die Tatsache, dass Luxemburger Studenten immer im Ausland studieren mussten wird als positiver Faktor in der Entwicklung eines weltoffenen und kosmopolitischen Bewusstseins betrachtet.

76

Aber auch wenn die Pläne demnächst umgesetzt werden, ist die Gründung einer sozialpädagogischen Fakultät meines Wissens nach nicht vorgesehen. Die Theoriediskussion in diesem Bereich wird

[76] Jeunes, vos droits et devoirs

also noch auf Jahre hinaus auf die Beiträge ausländischer Universitäten angewiesen sein werden.[77]

Das Institut d'Etudes Educatives et Sociales (IEES), die einzige Fachschule für Erzieher in Luxemburg ist nicht in der Lage, eine qualitativ hochwertige Aus- und Fortbildung anzubieten. Von ehemaligen Schülern werden Mängel an den räumlichen Bedingungen, der curricularen Planung und der Qualifikation der Lehrer geäußert. In der Tat sind die Lehrer zu einem großen Teil aus Professionellen aus dem Bereich der erzieherischen Hilfen zusammengesetzt. Ihr Wissen, das auf diese Weise in die Ausbildung einfließt ist sicher sehr wichtig, erklärt aber auch vielleicht die eigenartige Theoriefeindlichkeit, die große Teile der in Luxemburg ausgebildeten Erzieher, aber auch Lehrer kennzeichnet. Lust auf theoretische Diskussionen, Entwicklung von Utopien, Reflexion über die vielbeschworene besondere Lage Luxemburgs entsteht hier nicht. Forschung gibt es keine.

Mangelnde Initiativen von Seiten der Einrichtungen und ihrer Organisationen

Bis auf eine Ausnahme sind die Einrichtungen für erzieherische Hilfen in Luxemburg nicht in der Theoriediskussion präsent. Sporadisch wird bei besonderen Anlässen der eine oder andere Professor aus einem Nachbarland eingeladen, der dann auch immer interessante Vorträge hält, welche die Theoriediskussion weiterbringen könnten wie neulich Klaus Wolf über „Macht und Ohnmacht" im Heim. Auch wenn die Presse bereitwillig und ausführlich über diese Ereignisse berichtet, auch wenn die Texte der Konferenzen nachträglich in einer kleinen Auflage veröffentlichet werden, so verpufft das Ganze gewöhnlich in diesem theorielosen

[77] Siehe den Artikel von Mario Hirsch im Luxemburger Land N° 44 vom 31. Oktober 2002: Université de Luxembourg: Un projet qui tangue (S. 4)

Raum, innerhalb dessen sich in Luxemburg die Praxis der Sozialarbeit entwickelt.

Die Organisation der Trägergesellschaften der Heime (EGCA – Entente des Gestionnaires des Centres d'Accueil) beschäftigt sich vor allem mit Alltagsproblemen des Heimbetriebs und den Verhandlungen mit dem Familienministerium ebenso wie die Vereinigung der Heimleiter (ADCA – Association des Directeurs des Centres d'Accueil). Von beiden Organisationen kommen wenige Anstöße zum Nachdenken über die weitere Entwicklung im Bereich der erzieherischen Hilfen.

Vor einigen Jahren versuchte ich in meiner Eigenschaft als Mitglied eines sogenannten Ad-Hoc Komitees für Kinderrechte ein Charta über Kinderrechte in den Heimen in Luxemburg einzuführen. Mein Projekt wurde im Komitee, dem auch ein Jurist angehörte, in mehreren Sitzungen diskutiert und abgeändert. Das Projekt scheiterte an der ablehnenden Haltung von EGCA und ADCA.

Mangelnde Unterstützung der NGO's

Inputs in der Theoriediskussion in Luxemburg kommen vor allem über Nichtregierungsorganisationen, die sich zum Teil über Mitgliederbeiträge finanzieren, aber leider auch auf Subventionen der Ministerien angewiesen sind. Auch hier wird die Knauserigkeit des Staates Luxemburg deutlich: Finanziert werden in der Regel nur Aktivitäten, die einen direkten Nutzen für die Bevölkerung haben. NGO's etablieren sich in der Regel in Nischen, die von der offiziellen Politik noch nicht wahrgenommen werden. Nach vielen Bemühungen und viel unentgeltlich geleisteter Arbeit kann eine NGO von Erfolg reden, wenn ihr Projekt z.B. vom Familienministerium unterstützt wird. Viele Aktivitäten, die heute zum festen Bestand des Systems der sozialen Versorgung und der erzieherischen Hilfen gehören konnten nur unter schwierigen und langwierigen Verhandlungen öffentliche Unterstützung finden, z.B. Kindertagestätten.

Um der fachlichen Auseinandersetzung im Bereich der erzieherischen Hilfen eine feste Grundlage zu verschaffen, versuchte ich als Präsident einer Organisation, die sich als Plattform im Bereich der erzieherischen Hilfen versteht, vor vielen Jahren eine Konvention mit dem Familienministerium zu unterzeichnen. Geplant waren ein Zyklus von Fortbildungsveranstaltungen, die Publikation eines Monatsblatts mit fachlichen, informativen und technischen Beiträgen, wie es z.B. das Erziehungsministerium herausgibt. Das Projekt scheiterte angeblich aus finanziellen Gründen.

Hier offenbart sich eine weitere Schwäche unseres Kleinstaates: Das Fehlen eines Überbaus. Vieles, was bei uns geleistet wird, ereignet sich ohne Planung, Kontrolle und wissenschaftliche Begleitung. Im Bereich der erzieherischen Hilfen könnte man zur Not noch mit Improvisation leben; Hauptsache, es geschieht etwas für Kinder und Eltern. Aber wie sollen im Bankensektor acht Beamte die legalen und möglicherweise illegalen Aktivitäten von zweihundertfünfzig Finanzinstituten überwachen? Ein Beispiel, das in der internationalen Presse regelmäßig zu bissigen Kommentaren führt.

In Luxemburg verfügt keine Organisation über die notwendigen finanziellen und intellektuellen Ressourcen, um eine Theoriediskussion im Bereich der erzieherischen Hilfen einzuleiten und ihre Entwicklung zu unterstützen. Es gibt aber auch keine Konzepte von den Ministerien, wie eine solche Diskussion eventuell mit der Unterstützung ausländischer Einrichtungen angekurbelt werden könnte.

Es gibt in Luxemburg eine Zeitschrift, die es fertig bringt, seit über 20 Jahren regelmäßig gut dokumentierte Berichte über politisch relevante Themen in Luxemburg zu publizieren. Obschon die Auflage von „Forum“ sich in Grenzen hält – durchschnittlich 2000 – wird sie von der intellektuellen Oberschicht gelesen und hat dadurch möglicherweise auch einen großen Einfluss auf die Meinungsbildung eben dieser Leute. Forum berichtet regelmäßig über Themen aus dem Bereich der erzieherischen Hilfen. Die Nummer 205 enthielt ein umfangreiches Dossier über die Thematik, die uns hier interessiert, das Spannungsverhältnis von Hilfe, Schutz und Kontrolle.[78]

Mangel an Initiativen der Ministerien

Gelegenheiten (Seminare, Konferenzen) für die Praktiker, über Ziele und Inhalte der Politik im Bereich der Erziehung und der Familienpolitik nachzudenken haben Seltenheitswert. Trotz der Wahlversprechen aller Parteien, mehr Dialog und Transparenz in die Staatsaffären einzuführen merkt man bis heute sehr wenig davon. Nach fast 30 Jahren Berufstätigkeit in Luxemburg kann ich solche Gelegenheiten an den Fingern einer Hand abzählen. Die großen Linien der Politik werden in Wahlprogrammen und Koalitionsprogrammen festgelegt, danach ist der Verhandlungsspielraum äußerst schmal. Dadurch dass die meisten Beamten auch Parteimitglieder sind, verbreitert er sich nicht. Meistens setzen sich parteipolitische vor fachlichen Überlegungen durch. Groteske Züge nimmt zum Beispiel die Diskussion um die Ergebnisse der PISA-Studie an, in der unsere Erziehungsministerin es fertig bringt, genau das Gegenteil von dem zu predigen, was einem auch nur einigermaßen vorurteilsfreien Beobachter als logische Konsequenz dieser Untersuchung erscheinen mag.

Angesichts des überall spürbaren Einflusses der Parteien ist es erstaunlich, wenn eine Regierungspartei oder deren Jugendorganisation die Politik der Regierung in Frage stellt. So geschehen im Jahre 2000, als die Christlich-Soziale Jugend (CSJ) eine

[78] FORUM N° 205; Januar 2001: Jugendschutz am Ende? Siehe auch www.forum.lu

nationale Kampagne zugunsten einer Reform des Jugendschutzgesetzes mit Konferenzen und Presseartikeln durchführte. Daraufhin wurde eine parlamentarische Untersuchungskommission unter der Leitung des CSV-Fraktionsvorsitzenden Lucien Weiler eingesetzt, die zahlreiche Akteure aus dem Bereich der erzieherischen Hilfen und der Sozialarbeit ausfragte, deren Bericht aber immer noch nicht vorliegt.

Im Bereich der erzieherischen Hilfen gab es bisher meines Wissens nach nur zwei Fachtagungen, die eher als ein Versuch einer Bestandsaufnahme der bestehenden Ansätze darstellten als eine Gelegenheit, politische Orientierungen zu diskutieren. Die eine betraf den sexuellen Missbrauch, die andere familienunterstützende Maßnahmen. Aber während wir uns hier noch in einer Phase des Experimentierens befinden, liegen in Deutschland bereits erste Forschungsergebnisse über familienerhaltende Programme vor.[79]

Schlechte Gesetzgebung

Es scheint ein Konsens darüber zu bestehen, dass unser Jugendschutzgesetz reformiert werden muss. Eine interministerielle Kommission arbeitet bereits daran, allerdings hinter geschlossenen Türen. Uneinigkeit besteht wahrscheinlich in der Frage, in welche Richtung diese Gesetzesänderung gehen soll. In Deutschland besteht kein Zweifel darüber, dass das Kinder- und Jugendhilfegesetz die Qualität der Arbeit im Bereich der erzieherischen Hilfen entscheidend und durchwegs positiv beeinflusst hat. Außerdem wird die Umsetzung des Gesetzes wissenschaftlich begleitet, z.B. vom ISS in Frankfurt. Der Versuch, an das Gesetz über das Kinderrechtskomitee einen Teil über die „Protection sociale de l'enfance“ anzuhängen scheiterte. Unser aktuelles Jugendschutzgesetz verhindert eine zeitgemäße Arbeit im Bereich der erzieherischen Hilfen, schließt die Eltern aus dem

[79] G. Koch, R. Lambach: Familienerhaltung als Programm, Votum, Münster 2000

Hilfeprozess aus und verhindert die Beteiligung der Kinder und Jugendlichen.

Schlussfolgerung

Von einer strukturierten, offenen und produktiven Theoriediskussion kann in Luxemburg meiner Einschätzung nach nicht gesprochen werden. Trotzdem ist der Bedarf an Fachwissen sehr hoch, um politische Entscheidungen steuern zu können. Besonders in folgenden Bereichen besteht ein großer Bedarf:

- Planung und Evaluation von familienerhaltenden Programmen
- Umgang mit delinquenten Jugendlichen
- Reform des Jugendschutzgesetzes
- Revision der Heimeinweisungsprozeduren und qualitative Studien über die erzieherische Arbeit in den Heimen
- Entwicklung neuer Konzepte im Umgang mit Problemfamilien („Bientraitances“)
- Umsetzung der Kinderrechte im Bereich der erzieherischen Hilfen

Robert Soisson, 08.11.02

« Theoriefeindlicher Pragmatismus »

Über die Schwierigkeiten und die Notwendigkeit einer Theoriediskussion in Luxemburg

„Indes kommt es in der Reflexion des konkreten sozialpädagogischen Alltags zu einem fast theoriefeindlichen Pragmatismus, der Liebe zum Konkreten und einer Pädagogisierungstendenz, die in ihrem Mangel an kritischer Selbstreflexion zugleich doch als fragwürdig verfügend betrachtet werden muss.[80]

In einem ziemlich polemischen Beitrag zur Theoriediskussion, der fachlichen Auseinandersetzungen und der Reflexion über das eigene Bezugssystem der sozialen Arbeit in Luxemburg versuchte ich im November des vergangenen Jahres während der Fachtagung „Grenzüberschreitende Soziale Arbeit" an der Universität Trier meine Frustration über eben deren Nichtexistenz in meinem Land abzureagieren. Ich versuchte vor allem, die Gründe darzustellen, weshalb es nicht zu einer Theoriediskussion kommen kann.

Die lobenswerte Initiative von Hans G. Homfeldt und Katrin Brandhorst, einen Vergleich der Systeme sozialer Arbeit in der Groβregion in zwei Seminaren zu wagen gebietet aber eine etwas tiefer gehende Beschreibung dessen, was auch nur andeutungsweise als Theoriediskussion oder Selbstreflexion in Luxemburg gelten könnte.

---

80 Micheal Winkler: Eine Theorie der Sozialpädagogik, Stuttgart 1988, S. 14

Seit 25 Jahren gebe ich das „ANCE“-bulletin[81] heraus. Prioritär sollten hier Beiträge Luxemburger Autoren zu theoretischen und praktischen Fragen in der Bereichen Heimerziehung, Sozial- und Sonderpädagogik sowie Kinderrechten veröffentlichet werden. Dies war jedoch leider nur äußerst selten der Fall. Die Gründe, weshalb die potentiellen Autoren, die doch über einen reichen Erfahrungsschatz verfügen, so selten den Weg in die Öffentlichkeit suchen sind vielfältig: Angst, beim Wort genommen zu werden, mangelnde Zivilcourage, in umstrittenen Fragen eine klare Stellung zu beziehen, Angst, politisch etikettiert zu werden und dies in einem Land, in dem einen die Schatten der Vergangenheit nie loslassen.

Über die Schwierigkeiten einer Theoriediskussion in Luxemburg

Unter „Theoriediskussion“ im Zusammenhang mit sozialer Arbeit verstehe ich die systematische Reflexion über das eigene erzieherische Handeln, den Versuch, die Praxis im Rahmen von Gesellschaftsmodellen zu orten sowie den Versuch eine eigenständige Theorie der Sozialpädagogik zu entwickeln, nicht jedoch die Diskussion um pragmatische Aspekte sozialer Arbeit. Die Kenntnis dieser Aspekte ist sozusagen Voraussetzung für eine fachlich kompetente Diskussion rund um eine Theoriebildung. Auch im internationalen Austausch ist „Wissen über das benachbarte System, über dessen Organisationslogik, Strukturen, gesetzliche Rahmenbedingungen und fachliche Grundprämissen“ unbedingt notwendig, wie Katrin Brandhorst feststellt[82] Mit dem Ausmaß des

[81] Das Bulletin der „Association Nationale des Communautés Educatives“ ist eigentlich die einzige Publikation in Luxemburg, die ein Diskussionsforum für Beiträge aus dem Bereich der erzieherischen Hilfen in Luxemburg anbietet. Das Bulletin erscheint im Prinzip viermal im Jahr.
[82] Katrin Brandhorst: Grenzüberschreitende Soziale Arbeit – Herausforderungen an Theorie und Praxis, in: Dokumentation der Tagung „Grenzüberschreitende soziale

Wissens der Beteiligten steige die Wahrscheinlichkeit einer gelungenen Kooperation. Wissen über die Situation in den Nachbarländern kann aber auch zu einer weitergehenden Reflexion über die Qualität des eigenen Systems führen sogar Anregungen für die „Verbesserung der einzelnen Systeme“ liefern, wie Katrin Brandhorst hinzufügt[83].

Dieses Ziel hatte sich bei ihrer Gründung im Jahre 1978 die „Association Nationale des Communautés Educatives“ gesetzt. Die ANCE ist die luxemburgische Sektion der Fédération Internationale des Communautés Educatives (FICE), die in über 30 meist europäischen Ländern vertreten ist. Die deutsche Sektion ist die Internationale Gesellschaft für erzieherische Hilfen (IGfH) mit Sitz in Frankfurt. Näheres über die Geschichte und die Arbeit der FICE steht in einem Artikel im „Handbuch Heimerziehung und Pflegekinderwesen in Europa“[84]. Für die FICE, welche auch Sektionen in den ehemals kommunistischen Ländern Osteuropas hatte, war der Vergleich der verschiedenen Systeme erzieherischer Hilfen ein permanentes Thema, das auf allen internationalen Veranstaltungen aufgegriffen wurde. 1991 und 1994 erschienen zwei Reader, die von Meir Gottesmann herausgegeben wurden. Der erste stellte die verschiedenen Systeme erzieherischer Hilfen in über 20 Mitgliedsländern vor, der zweite untersuchte neue Entwicklungen und Trends in denselben Ländern[85]. Auch gab die FICE ein Glossar mit

Dienste/Sozialarbeit“ vom 22/23. April 2002 in Aachen, S. 66. herausgegeben vom Institut für Sozialarbeit und Sozialpädagogik, Frankfurt 2002

[83] ebd., S. 68.

[84] Robert Soisson: Aspekte internationaler Arbeit im Bereich der Heimerziehung; in Colla, Gabriel, Millham, Müller-Teusler, Winkler (Hrsg.): Handbuch Heimerziehung und Pflegekinderwesen in Europa, Neuwied; Luchterhand 1999, S. 25 ff.

[85] Meir Gottesmann (Ed.): Residential Child Care: An International Reader; Whiting & Birch Ltd in association with FICE, London 1991
Meir Gottesmann (Ed): Recent Changes and New Trends in Extrafamilial Child Care: An International Perspective, Whiting & Birch Ltd in association with FICE, London 1994

Fachausdrücken heraus[86]. 1993 publizierte die EUSARF (European Scientific Association on Residential and Foster Care for Children and Adolescents) eine Studie in der das Heim- und Pflegekinderwesen in der Europäischen Union dargestellt und verglichen wurde[87]. 1994 erschien eine Studie des National Children's Bureau in der ebenfalls die verschiedenen Systeme innerhalb der EU unter verschiedenen thematischen Aspekten miteinander verglichen wurden.[88] Die Schlussfolgerungen aus all diesen Beschreibungen, Vergleichen und Analysen belegen die Wichtigkeit des internationalen Austauschs und internationaler Forschungsprojekte gerade auch im Hinblick auf die Theoriediskussion. Die unterschiedlichen historischen, philosophischen und ideologischen Wurzeln der verschiedenen Systeme erzieherischer Hilfen sind noch identifizierbar obschon die Gemeinsamkeiten immer stärker werden.

Obschon in Luxemburg regelmäβig über diese Themen berichtet wurde kam es nie zu einer ausführlichen Diskussion über die Grundlagen sozialer Arbeit. In diesem Zusammenhang hört man oft die Bemerkung, Luxemburg habe nicht die notwendigen Ressourcen für eine solche Diskussion, andererseits wird aber auch oft von einem Luxemburger Modell im Bereich der erzieherischen Hilfen gesprochen. Dieses Modell wurde an anderer Stelle ausführlich dargestellt[89]. Es gibt meiner Meinung nach fünf Ursachen, weshalb eine Theoriediskussion in Luxemburg nicht so recht aufkommen will:

---

[86] FICE-Glossary;

[87] M. Colton, W. Hellinckx (Eds.): Child Care in the EC, a Country Specific Guide to Foster and Residential Care, Aldershot, Arena 1993

[88] Nicola Madge: Children and Residential Care in Europe; National Children's Bureau, London 1994

[89] Robert Soisson: Residential Care in Luxembourg: in: Meir Gottesmann (Ed.): Residential Child Care: An International Reader; Whiting & Birch Ltd in association with FICE, London 1991, p. 214 ff. sowie
Sylvie Andrich-Duval : Le tavail social au Luxembourg et les lignes directrices politiques y relatives, in : Hans G. Homfeldt, K. Brandhorst : Reader zur Regionalkonferenz « Grenzüberschreitende Soziale Arbeit », Universität Trier 2002 und

Das Fehlen einer Universität mit dem Fachbereich Erziehungswissenschaften.

Die Gründung einer luxemburgischen Universität ist beschlossene Sache. Eine der drei geplanten Fakultäten soll eine erziehungswissenschaftliche Fakultät werden. In diese Fakultät sollen die bestehenden Fachschulen für Lehrer- und Erzieherausbildung integriert werden oder besser, sie sollen aufgelöst werden und die angehenden Erzieher und Lehrer werden eine völlig neue, universitäre Struktur vorfinden. Viele Beobachter sehen dieser Entwicklung jedoch mit äuβerster Skepsis entgegen: Wie kann die desolate Ausbildungssituation an beiden Fachschulen quasi über Nacht die Metamorphose in ein qualitativ hochwertiges Bildungsangebot vollziehen? Der Standort ist nicht geklärt, die Zusammensetzung der Studentenschaft bleibt mysteriös, wo sollen die Hochschullehrer herkommen, wie wird die Übergangszeit geregelt werden? Zu einer Universität gehört ein intellektuelles Klima, das nicht mit den Gebäuden aus dem Boden gestampft werden kann. Dieses intellektuelle Klima wird weitgehend bestimmt von dem Ausmaß der Freiheit, die Forschung und Lehre an der Universität genieβen Aber gerade zu diesem Punkt gab es in der Luxemburger Presse eine bissige Polemik.

Wenige Initiativen von Seiten der Einrichtungen und ihrer Träger

Bis auf eine Ausnahme sind die Einrichtungen für erzieherische Hilfen in der Theoriediskussion kaum präsent. Bei besonderen Anlässen werden Spezialisten aus dem Ausland eingeladen um über ein bestimmtes Thema zu referieren, wie neulich Klaus Wolf zum Thema „Macht und Ohnmacht im Heim". Ab und zu

---

Manuel Achten: Heimerziehung in Luxemburg und mögliche Alternativen, in: Heribert Mörisberger (Hrsg.): Europa: Herausforderung für die Erziehungshilfe, Lambertus, Freiburg im Breisgau 1995, S. 194 ff.

wird dann das Thema in einem anschließenden Seminar vertieft. Es kommt jedoch nie zu einer längeren oder gar zu einer kontroversen Diskussion über diese Themen. Auch das Internet wird kaum benutzt, um derartige Diskussionen weiterzuführen. Die Vereinigung der Trägergesellschaften (EGCA) und die Vereinigung der Heimleiter (ADCA) beschäftigen sich überwiegend mit administrativen Fragen und tragen ihrerseits auch wenig zu einer Theoriediskussion bei.

Probleme bei der Unterstützung ehrenamtlicher Arbeit

Anstöße für die Theoriediskussion kommen oft von Vereinigungen ohne Gewinnzweck, die gegründet werden als Reaktion auf Versorgungsmängel im des bestehenden Systems sozialer und erzieherischer Hilfen. Bevor z.B. Kindertagesstätten zu einer Selbstverständlichkeit wurden, mussten zahlreiche Elterninitiativen nervenzerreißende Auseinandersetzungen mit Gemeinden und staatlichen Instanzen durchmachen um die Versorgung ihrer Kinder zu gewährleisten, gewöhnlich mit dem Resultat, dass ihre Kinder längst in der Schule waren als die Kita endlich eröffnet wurde. Diese Vereinigungen leben von ihren Mitgliederbeiträgen und von bescheidenen ministeriellen Subsidien. Nur wenigen Vereinigungen gelingt es, über die Umsetzung ihrer konkreten Ziele hinaus grundsätzliche Fragestellungen aufzugreifen und die Diskussion weiterzuentwickeln. So flammt periodisch in den Leserbriefspalten der Tageszeitungen die Polemik zwischen Befürworten und Gegnern von frühkindlicher Fremdbetreuung auf um die Frage, ob die Entwicklung des Kleinkindes durch die „Abschiebung“ in die Kita gestört oder gefördert werde[90]. Der einzige Ort wo derartige Diskussionen öffentlich geführt werden können ist die Zeitschrift „Forum“[91], die in jeder Nummer ein Dossier zu kulturellen, politischen und sozialpolitischen Themen veröffentlicht.

[90] Siehe dazu auch den Abschnitt „Was heiβt Erziehung“ später in diesem Artikel
[91] www.forum-online.lu

Wenig Initiativen der zuständigen Ministerien

Transparenz, Dialog und Bürgernähe: Welche Regierung will diese Ziele nicht erreichen? Die Praxis sieht allerdings oft ganz anders aus. Nur selten organisieren die Ministerien Seminare und Konferenzen zu bestimmten Themen wie sexueller Missbrauch, Jugendschutz usw. Veranstaltungen, die eine kritische Selbstreflexion oder die Konsultation von betroffenen Vereinigungen und Experten zu einem bestimmten Thema zum Inhalt haben. Eine Studie über die Leistungsfelder der Heimerziehung, durchgeführt von der Uni Trier, wurde nicht veröffentlicht. Immer wieder wird bedauert, dass Luxemburg 10, ja 20 Jahre Rückstand auf das Ausland hat, und das in vielen Bereichen. Während z.B. im Jahre 2001 in Luxemburg erstmals familienunterstützende Initiativen vorgestellt wurden, lagen in Deutschland bereits erste Forschungsarbeiten über die Effizienz dieser Programme vor[92]. Besonders schwerwiegend ist dieser Rückstand im gesetzgeberischen Bereich.

Veraltete Gesetze

Ein besonders krasser Fall ist unser Jugendschutzgesetz. Es wurde vom Parlament nach 10-jähriger Vorbereitungszeit 1992 gestimmt, zu einem Zeitpunkt, als unsere Nachbarländer bereits viel kinder- und familienfreundlichere Gesetzgebungen hatten. Als unser Parlament 1994 die Internationale Konvention über die Rechte des Kindes ratifizierte, wurde ein Antrag gestimmt, der den § 11 des Jugendschutzgesetzes abändern um die Position der Eltern zu stärken. In Frankreich ist dies seit 1984 der Fall: „Das Gesetz vom 6. Juni 1984 läutet eine wichtige Etappe in der Entwicklung der Beziehung zwischen den Eltern und den Einrichtungen des Jugendschutzes ein. Dieses Gesetz « zu den Rechten der Familien in ihrer Beziehung zu den Einrichtungen des Kinder- und Jugendschutzes » erinnert im Grunde daran, dass unbeschadet einer verordneten Kinder-

[92] G. Koch, R. Lambach: Familienerhaltung als Programm, Votum, Münster 2000

/Jugendschutzmaßnahme die Eltern die juristischen Vertreter des Kindes bleiben, zwingend informiert werden müssen und ihre Meinung zu jedweder geplanten Maßnahme für ihr Kind von Bedeutung ist. Auch schon vor der Übernahme, der Ratifizierung der internationalen Charta der Rechte der Kinder schreibt es vor, die Meinung des Kindes einzuholen.[93]". Bis heute wurde in Luxemburg der § 11 nicht abgeändert. Dadurch genießt unser Jugendhilfesystem im Ausland keinen besonders guten Ruf: „Auffallend in Luxemburg ist der hohe Eingriffscharakter des Jugendschutzes und die hohe Norm- und Kontrollorientierung der Maßnahmen, die unter anderem an der exponierten Stellung der Justiz abzulesen ist. So unterstehen in Luxemburg wichtige fallorientierte Entscheidungen dem Justizsystem, die in anderen europäischen Ländern von SozialpädagogInnen getroffen werden[94]".

Aus diesen Ausführungen geht hervor, dass es nicht an Konfliktstoffen im Bereich der Erziehungshilfen in Luxemburg mangelt und grundsätzliche Diskussionen werden auch nur dann geführt, wenn ein solcher Konflikt an der Oberfläche erscheint.

Ansätze zu einer Theoriediskussion in Luxemburg

Jugenddelinquenz und Jugendjustiz

Luxemburg hatte mindestens seit Kriegsende zwei Erziehungsanstalten für Jungen, respektive Mädchen. Das Personal bestand aus Gefängniswärtern oder zum größten Teil unqualifizierten Erziehern und Erzieherinnen. Vor ungefähr 20 Jahren übernahm das Familienministerium diese beiden Betriebe, die in „Centres socio-éducatifs de l'Etat" umbenannt wurden. Die starren

---

[93] Paul Masotta: Länderbericht Frankreich anlässlich des Seminars « Grenzüberschreitende Soziale Arbeit » der Universität Trier am 7. Juni 2002; unveröffentlichtes Manuskript

[94] Katrin Brandhorst, ebd. S. 66

Einstellungskriterien erlaubten es bis heute jedoch nicht, den Bedarf an qualifiziertem Personal abzudecken. Der Anspruch, erziehend, statt bestrafend zu wirken konnte nicht oder nur zum Teil eingelöst werden. Ein Skandal ist das zeitweise Einsperren von Jugendlichen in der Strafanstalt für Erwachsene. Durch den Druck internationaler Organismen wie dem Komitee gegen die Folter oder dem Kinderrechtskomitee in Genf aber auch nationaler Organisationen wurde versucht, diesem Skandal ein Ende zu setzen. Kürzlich beschloss der Regierungsrat, eine geschlossene Abteilung mit 12 Plätzen in Dreiborn innerhalb des bestehenden CSE zu bauen. Träger bleibt das Familienministerium. Damit ist das Dilemma jedoch nicht aufgehoben: Nach wie vor bleibt unklar, ob das Einsperren hier als Erziehungsmaßnahme oder als Bestrafung definiert wird. Alternativen zum Einsperren wie Erlebnispädagogik, Täter-Opfer-Ausgleich oder restaurative Justiz wurden kaum in Erwägung gezogen.

Und doch wäre die Diskussion um diese Problematik eine Gelegenheit gewesen, eine umfassende Theoriediskussion anzukurbeln. Leider wurde dies versäumt. 1996 verschickte die ANCE jeweils 20 Exemplare von zwei Broschüren zum Thema geschlossene Unterbringung[95] an alle wichtigen Persönlichkeiten in Justiz und Jugendhilfe, ohne jedoch ein Feedback zu bekommen. Die Diskussion fand in einem bescheidenen Ausmaß dennoch statt: So organisierte die Jugendsektion der Regierungspartei CSV (Christlich Soziale Volkspartei) eine landesweite Kampagne mit Rundtischgesprächen und Publikationen, die Zeitschrift „Forum" widmete eine Ausgabe (N° 205, Januar 2001) dem Thema Jugendschutz und die ANCE, zusammen mit FICE-Europa und IGfH organisierte zwei internationale Konferenzen mit namhaften Experten zu den Themen außergerichtlicher Tatausgleich und

[95] Neue Probleme, alte Lösungen: Was ist dran an geschlossener Unterbringung? EREW-Schriftenreihe 2/94, Hannover 1994
Arbeitsgruppe „Geschlossene Unterbringung": Argumente gegen geschlossene Unterbringung in Heimen der Jugendhilfe; IGfH, Frankfurt am Main 1995

Jugendhilfe/strafe[96] leider ohne Teilnahme von Vertretern aus Justiz und Magistratur.

Sexueller Missbrauch

Dieses Thema, das nach der Dutroux-Affäre in Belgien und dem internationalen Kongress gegen die sexuelle Ausbeutung von Kindern in Stockholm stark mediatisiert wurde ist der einzige Bereich innerhalb dessen der Versuch unternommen wurde, eine systematische Theoriediskussion zu entfalten und das sowohl von der Trägern im Bereich der Sozialarbeit und der erzieherischen Hilfen als auch vom Justiz- und Familienministerium[97]. Es fanden zahlreiche Konferenzen und Seminare statt, die der Popularität des Themas entsprechend auch gut besucht waren. Leider wurden einige Themen meines Erachtens nach nicht ausführlich genug thematisiert wie z.B. die angemessene Bestrafung, Behandlung und Rehabilitation der Täter und die Betreuung von Personen, die zu Unrecht des sexuellen Missbrauchs bezichtigt wurden und dadurch traumatische Erlebnisse hatten.

Heimeinweisung und familienerhaltende Maßnahmen

---

[96] ANCE-Bulletin N° 97-98: « La délinquance juvénile en Europe » mit Artikeln über den Kongress vom Dezember 1999 von David Chesterton (UK), Lutz Netzig/Frauke Petzold (D), Prof. Dr. Hans-Heiner Kühne (D), Camille Schneider (L), Nigel Cantwell (UNICEF)
Jugend-Hilfe – Jugend-Strafe: Zum Umgang mit Kinder und Jugenddelinquenz im europäischen Vergleich; FICE Europe Publications; IGfH Eigenverlag, Frankfurt/Main 2002 über den Kongress vom Dezember 2000 mit Beiträgen von Frieder Dünkel (D), Josine Junger-Tas (NL), Sabine Pankofer (D), John Graham (UK), Jaroslaw Utrat-Milecki (P), Pascal Iacono (B), Hans Valentin Schroll (A) und Horst Schüler-Springorum (D).

[97] Vgl. Z.B. Gilbert Pregno : Les enfants, orphelins de droits, Eds. Le Phare, Esch-sur-Alzette 1999, darin besonders : La maltraitance des enfants, S. 139 ff.

In Luxemburg werden relativ viele Kinder in Heimen untergebracht. Das Familienministerium geht davon aus, dass 0,8% aller Kinder von Erziehungshilfemaßnahmen betroffen sind, und das in einem weitgehend ländlichen Milieu ohne nennenswerte Konfliktherde. In Deutschland, wo die Verstädterung und die damit verbundene Entwicklung von Slums mit wenig Lebensqualität zur Marginalisierung großer Bevölkerungsgruppen führt, liegt der Prozentsatz bei 0,5. In Luxemburg wird zu viel und zu schnell platziert, darüber sind sich die meisten Experten einig: „Heimerziehung wird in Luxemburg immer noch als zentrales Reaktionsmittel auf Fehlentwicklungen von Kindern und Jugendlichen eingesetzt[98]. Besorgniserregend ist aber darüber hinaus die Einweisungspraxis: „In Deutschland, wo ein starkes Gewicht auf Freiwilligkeit und Unterstützung gelegt wird, werden ca. 5% der Heimeinweisungen vom Gericht vorgenommen. In Frankreich variiert die Zahl je nach Departement zwischen 50 und 80 %, in Luxemburg sind es um die 90 % (ADCA/ANAHSASIG; Hrsg. 1998, S.11). Damit besteht in Luxemburg ein großer Teil der Hilfemaßnahmen aus reaktiven Interventionen, was dem Grundgedanken des Jugendschutzgesetzes widerspricht, das dem Gericht die Möglichkeit eröffnen sollte, moralische Verwahrlosung schon *im Anfangsstadium* zu erkennen und *so früh wie möglich* entsprechende Maßnahmen dagegen ergreifen zu können (vgl. Ministère de la Famille, 1996, S. 25ff.)“[99]. Das Problem ist dass es im ambulanten Bereich wenige Betreuungsmöglichkeiten gibt und dass die vorhandenen familienunterstützenden Dienste tendenziell eher „auf einen Betreuungsnotstand als auf einen erzieherischen Bedarf“[100] reagieren.

1992 fand der internationale Kongress der FICE in Luxemburg statt. Das Thema war: „Politik, Forschung und Ausbildung in der Heimerziehung“. Zu diesem Kongress hatte ich Juliaan Van Acker aus Holland eingeladen, den ich einige Monate

[98] Katrin Brandhorst, ebd. S. 65
[99] Katrin Brandhorst, ebd. S. 65
[100] Katrin Brandhorst, ebd. S. 65

vorher anlässlich einer Tagung des „European Forum for Child Welfare“ (EFCW) in Athen kennen gelernt hatte. Sein Thema war : « Le travail avec la famille comme alternative au placement »[101]. Dieses Thema war damals auch in der FICE so umstritten, dass ich beim nachfolgenden Verbandsrat von verschiedenen Delegierten heftig angegriffen wurde. Dabei wusste Van Acker als Direktor einer geschlossenen Anstalt für Mädchen genau von was er sprach. Übrigens veröffentlichte „Forum“ auch zum Thema “familienerhaltende Maßnahmen” ein Dossier[102].

Forschung

Forschung im Bereich der erzieherischen Hilfen in Luxemburg gibt es nicht. Trotzdem sich dieser Bereich sehr stark in den letzten Jahrzehnten entwickelt hat und viele Menschen beschäftigt, gibt es keine Untersuchungen über das, was hier tagein tagaus passiert. Die Studenten des IEES müssen Abschlussarbeiten vorlegen, die manchmal sehr interessant sind. Mein Vorschlag, das ANCE-bulletin für die Veröffentlichung der Resultate dieser Studien und Untersuchungen zur Verfügung zu stellen, wurde mehrmals freundlich zur Kenntnis genommen und ebenso freundlich ignoriert. Hier hätte im Ansatz so etwas wie eine Theoriediskussion entstehen können.

---

[101] in: Robert Soisson (Hrsg.): Politik, Forschung und Ausbildung in der Heimerziehung, FICE-Verlag, Zürich 1992, S. 36 ff.

[102] Forum N° 191 ; darin: Robert Soisson : Intensive Familienarbeit als Alternative zur Heimeinweisung, S. 49 ff.

[103]

Eine Evaluationsstudie der Universität Trier wurde, wie bereits gesagt, nicht veröffentlicht. Die Gründe dafür sind mir nicht bekannt. Forschungs- und Evaluationsaktivitäten sind indes nicht nur in Luxemburg ein Problem: „Der Vorwurf der Heimerziehungspraxis an die Wissenschaft ist stereotyp: Entweder wird ihr vorgeworfen, sie produziere banales Alltagswissen oder theoretisch abstraktes und damit praxisfernes, irrelevantes Wissen. Wissenschaft, die sich mit der Heimerziehung befasst, tritt in Konkurrenz zum Alltagswissen im Allgemeinen und speziell zu dem „handlungserprobten“ Alltags- und Erfahungswissen der Praktikerinnen und Praktiker, für die sie Theorie

[103] Jeunes, vos droits et devoirs

produziert. Diese Konkurrenz des Erfahrungswissens zu wissenschaftlichem Wissen ist insofern schon oft vorentschieden, als sich ersteres schon in seiner Praxisrelevanz erwiesen hat („but it works"), letzteres den Beweis oft schuldig bleibt. Daraus folgt, dass die Wissens bestände, die Handlungen bestimmen, nicht notwendig richtig oder wahr sein müssen, solange sie funktionieren und zur Bewältigung von Alltagsaufgaben aus Sicht der Handelnden in der Praxis hilfreich sind[104]". Wenn Wissenschaft Ergebnisse liefert, die mit den bestehenden (Alltags-) wissensbeständen kongruent sind, dann „wird wissenschaftliches Wissen allenfalls zur Legitimation des eigenen Handelns in Konfliktfällen herangezogen. Im umgekehrten Fall, wenn wissenschaftliches Wissen den alltäglichen Wissensbeständen zuwiderläuft oder partiellen Widerspruch impliziert, wird es in der Regel nur dann akzeptiert, wenn das bisherige Wissen oder die bisherige Praxis in eine Krise geraten ist oder sich als dysfunktional - bezogen auf die intendierten Handlungsziele erwiesen hat[105]."

Auch in der Schweiz wird manchmal mit Steinen auf den Beobachter geschossen: „Forschungsprobleme lassen sich so als Probleme der Kontextinteraktion verstehen. Es hat sich anhand der geschilderten Fallbeispiele gezeigt, dass für die Forschung auf dem Gebiet der Sozialpädagogik und insbesondere dem der mandatierten Fremderziehung in Erziehungsheimen, Machtkonflikte und Hierarchieprobleme eine wichtige Rolle spielen. Diese für den Forschungskontext zentralen Problematiken haben sich immer wieder in den Interaktionen zwischen Forschungskontext und Kontext der Forschung abgebildet und in diese Interaktionen hineingewirkt. Die Wahl des jeweiligen Forschungssettings und seine Handhabung durch den Forscher entschieden über die Interpunktion der Verhaltenssegmente. Das war dort besonders wichtig, wo der Forscher unmittelbar bedroht wurde, sei es durch die Phantasie des Heimleiters,

[104] Thomas Gabriel : Forschung zur Heimerziehung ; Juventa, Weinheim und München 2001, S. 205
[105] Thomas Gabriel :, id., S. 205

man müsse eine Versicherung abschließen, falls ein Insasse dem Forscher mit dem Holzhammer auf den Kopf haue, sei es durch die Drohung der Trägerschaft einer Einrichtung, sie würde bei der Publikation bestimmter. Materialien, - die vom Forscher so nie für eine Publikation bestimmt waren -, einen Prozess gegen den Forscher und die Forschungsinstitution führen.[106]"

Am Anfang und am Ende seiner Arbeit zitiert Graf Friedrich Dürrenmatt, der die Situation des Forschers treffend beschreibt:

„... das Ganze ein Stück für einen Komödienschreiber, verbärge sich nicht dahinter ein Problem, welches ihn, D., seit langem beunruhige, besitze er doch in seinem Haus in den Bergen ein Spiegelteleskop, ein ungefügiges Ding, das er bisweilen gegen einen Felsen richte, von wo aus er von Leuten mit Ferngläsern beobachtet werde, worauf jedes Mal, kaum hätten die ihn mit ihren Ferngläsern Beobachtenden festgestellt, dass er sie mit seinem Spiegelteleskop beobachte, sich diese schleunigst zurückzögen, wobei sich nur die logische Feststellung bestätige, zu jedem Beobachten gehöre ein Beobachtendes, das, werde es von jenem Beobachteten beobachtet, selber ein Beobachtetes werde, eine banal logische Wechselwirkung, die jedoch, werde sie in die Wirklichkeit transponiert, sich bedrohlich auswirke, die ihn Beobachtenden fühlten sich dadurch, dass er sie durch sein Spiegelteleskop beobachte, ertappt, ertappt zu werden erwecke Schmach, Schmach oft Aggression, mancher der sich verzogen habe, sei zurückgekehrt, wenn er, D., sein Instrument weggeräumt hätte, und habe Steine nach seinem Haus geworfen...[107]"

An dem oben erwähnten Kongress von 1992 in Luxemburg über Politik, Forschung und Ausbildung in der Heimerziehung waren

[106] Erich Otto Graf: Forschung in der Sozialpädagogik; Edition der schweizerischen Zentrale für Heilpädagogik; Luzern 1990, S. 199
[107] Erich Otto Graf, id., S. 13

bekannte Forscher wie Barbara Kahan[108] und David Berridge[109] aus England, Jürg Schoch[110] und Erich Otto Graf[111] aus der Schweiz sowie zahlreiche andere Experten aus den USA, Kanada, Frankreich, Holland, Deutschland, Slowenien und Israel. Ob er einen Impuls für Forschungstätigkeit in Luxemburg geben konnte entzieht sich meiner Kenntnis.

Spezialisierung, Professionalisierung?

In einem kleinen Land können nicht alle Dienstleitungen angeboten werden. Deshalb werden im Bereich der erzieherischen Hilfen Problemfälle in der Regel ins Ausland evakuiert. Es handelt sich dabei um ca. 50 Kinder, genug, um eine größere oder fünf kleinere Einrichtungen mit der Betreuung dieser Kinder zu befassen. Das Problem ist seit Jahrzehnten bekannt und trotzdem wurde bis jetzt noch keine Lösung gefunden. Mit dem bereits im Zusammenhang mit der Jugenddelinquenz erwähnten Problem des einheitlichen Statuts der Heimerzieher ist es allerdings schwierig, eine Spezialisierung zu erreichen. Dazu eine Vertreterin des Familienministeriums :

« On remarque qu'une grande partie des mineurs accueillis dans les divers types de centres d'accueil présentent des difficultés comportementales graves et un profil psychique déstructuré. Par le biais d'une spécialisation de divers centres d'accueil, des efforts ont été entrepris afin de permettre une prise en charge globale d'enfants gravement perturbés. On constate, en effet, que l'Etat finance également un nombre croissant de placements de mineurs dans des établissements spécialisés à l'étranger.

---

[108] Barbara Kahan (Ed.) : Child Care Research: Policy and Practice; The Open University, London 1989

[109] David Berridge: Children's Homes; Basil Blackwell, Oxford 1985

[110] Andreas Lanz/Jürg Schoch: Heimerzieher im Beruf; Hrsg.: FICE-Schweiz; 2. Auflage, Zürich 1985

[111] Erich Otto Graf, id.

L'approche psychopédagogique de ces problèmes est en train d'évoluer peu à peu. Il est estimé qu'à la séparation de l'enfant de sa famille par le biais d'un placement, doivent se substituer dans de nombreuses situations des formules d'assistance socio-éducative. C'est depuis plusieurs années que le ministère soutient la création de projets d'intervention et d'assistance familiale en milieu ouvert par plusieurs gestionnaires privés. Le développement de l'aide ambulatoire offerte aux familles doit se poursuivre surtout en vue de soutenir les parents dans leur rôle propre et de les aider à assumer leurs responsabilités. Les instances judiciaires désirent également le renforcement des possibilités d'assistance socio-éducative au bénéfice des familles en détresse psychosociale et appuient chaudement l'institution de services spécialisés.[112] »

Klaus Wolf, der bereits mehrmals in Luxemburg Konferenzen hielt spricht jedoch von „Entspezialisierung“: „Umfassende Zuständigkeit der Mitarbeiter in der unmittelbaren Betreuung, Flexibilität im Umgang mit Regeln und Ressourcen, Orientierung an den Lebenserfahrungen und individuellen Lebenslagen der Kinder, Alltagsorientierung und die Herstellung individueller Betreuungsarrangements waren einige Stichpunkte für eine solche Entwicklung. Die veränderten Organisationsprinzipien waren dabei notwendige, allerdings nicht hinreichende Bedingungen: ohne Dezentralisierung, Entinstitutionalisierung, Entspezialisierung. Regionalisierung, Professionalisierung und Individualisierung ist eine grundlegende Veränderung nicht vorstellbar ...“[113]

Die Spezialisierung im Bereich der erzieherischen Hilfen orientiere sich lediglich am „Krankenhausmodell“[114]: "Zusammengefasst kann man feststellen, dass die Spezialisierung der Heimerziehung ihre Berechtigung weder durch eine entsprechende

[112] Sylvie Andrich-Duval: id. S. 19

[113] Klaus Wolf (Hrsg.) : Entwicklungen in der Heimerziehung ; Votum, Münster 1993, S. 61

[114] Klaus Wolf, id. S. 34

Diagnostik noch durch einen überzeugenden Zusammenhang zwischen Diagnostik und Behandlungsvorschlägen nachweisen kann."[115]. Klaus Wolff geht auch ein auf den Begriff des „schwierigen" oder „verhaltensgestörten" Kindes: „Die Vorstellung, dass die Probleme, die die Kinder verursachten oder hatten, Krankheiten vergleichbar seien. erweist sich als problematisch. Dass psychiatrische Erkrankungen dabei nur eine sehr geringe Rolle spielen ist wohl unumstritten. Aber auch die „Verhaltensstörungen" genannten Probleme konnten - sah man sich die Lebensverhältnisse und Lebenserfahrungen der Kinder genauer an - durchaus als Strategien verstanden werden, mit den belastenden Lebenserfahrungen umzugehen"[116]

Ich komme später noch einmal auf dieses Phänomen, das mittlerweile übereinstimmend als „Resilienz" bezeichnet wird, zurück.

Evaluation, Qualitätsdiskussion

Angesichts der beträchtlichen Steuergelder, die in erzieherische Hilfen investiert werden, wäre es nur normal, wenn eine systematische Begleitforschung wenigstens den Versuch unternehmen würde, die Effizienz der erzieherischen Arbeit zu untersuchen. Dass das Familienministerium das nicht tut, kann ihm sicherlich nicht vorgeworfen werden. Das Erziehungsministerium, dessen Budget um ein Vielfaches grösser ist, tat auch nichts dergleichen bis die berühmte PISA-Studie alle aus dem Dornröschenschlaf riss. Als die ANCE im Jahre 1985 einen internationalen Jahr der Jugend einen Kongress über Jugendliche in der Heimerziehung organisierte[117], luden wir Rolf Lambach und Holger Thurau ein, die damals einen Zwischenbericht über das Projekt der Planungsgruppe Petra: „Analyse von

[115] Klaus Wolf, id, S. 37
[116] Klaus Wolf, id. S. 35
[117] Robert Soisson, (Hrsg.) : Aktuelle Probleme Jugendlicher in der Heimerziehung in Europa, FICE-Verlag, Zürich 1986

Leistungsfeldern der Heimerziehung“ vorlegten[118]. Die Publikation der Resultate dieser Studie erfolgte drei Jahre später[119]. In dieser Studie wurde versucht, Leistungsfelder der Heimerziehung zu untersuchen und messbar zu machen. „Dennoch glauben wir, dass die von uns spezifizierten Aspekte eine Art Raster bilden, mit denen die Heimarbeit sich überprüfen lässt[120]. Ich habe keinen Überblick über weitere Forschungen in diesem Gebiet, aber ich bin überzeugt, dass hier erstmals versucht wurde, den Anspruch der Heimerziehung an ihren tatsächlichen Leistungen zu messen. Mit über 1000 Beschäftigten im Bereich der erzieherischen Hilfen wäre es im Groβherzogtum vielleicht angebracht, ein paar Wissenschaftler einzustellen, die sich Gedanken darüber machen könnten ob die investierten Steuergelder auch das gesteckte Ziel erreichen.

Ausbildung, Fortbildung

Die Ausbildung der Erzieher in Luxemburg ist nicht die allerbeste. Es fehlt an personellen und materiellen Ressourcen, die beiden Schulen sind an Orten untergebracht, die studentische Kommunikation unmöglich machen. Forschung wird keine betrieben und Weiterbildungsangebote gibt es so gut wie keine. Wo soll in diesem Zusammenhang etwas entstehen wie studentische Kultur, die einen guten Nährboden für eine Theoriediskussion liefern könnte?

Was heiβt Erziehung?

In Zeiten sich schnell verändernder Lebens- und Arbeitsbedingungen für Kinder und Erzieher ist die kritische Reflexion über die eigene Praxis notwendig. Viele Erzieher erleben einen Praxisschock, wenn sie allmählich herausfinden, dass sie zum größten Teil schlicht in Alltagsroutinen eingebunden sind. Die

---

[118] Siehe ANC-Bulletin N° 50 und N° 54

[119] Planungsgruppe Petra: Analyse von Leistungsfeldern der Heimerziehung; Peter Lang, Frankfurt 1988

[120] Planungsgruppe Petra, id. S.

Gewöhnung daran ist so stark, dass wenn Schwierigkeiten auftauchen, sofort nach Spezialisten gerufen wird, ähnlich wie im Schulbetrieb. Angesichts eingeschränkter Handlungsmöglichkeiten plädiert deshalb Hiltrut von Spiegel für „reflektierte Routinen“ und „innerhalb derjenigen Rahmenbedingungen … die man nicht oder nicht sofort verändern kann, mit Ausdauer und Zähigkeit die Bedingungen zu gestalten, die tatsächlich beeinflussbar sind und die Weisheit zu entwickeln, das eine vom anderen zu unterscheiden[121].“

Aber auch die Grundlagen erzieherischen Handelns müssen hinterfragt werden. Der FICE-Kongress 1990 in Prag stand unter dem Motto: „Andere Zeiten, andere Kinder, Eltern, Erzieher. Wer erzieht wen?“. Ich versuchte damals[122], ausgehend von der Kritik der Antipädagogik am Erziehungsbegriff vier Denkmodelle (Antipädagogik, die ökologische Theorie Bronfenbrenners, die epistemologische Subjekttheorie von Groeben/Scheele und den „shared living[123]“ Ansatz der FICE) miteinander zu kombinieren Wie Heinrich Kuppfer bereits feststellte, kommt das „Missverständnis progressiver Pädagogik … daher, dass man in der Erziehung auf neuen Wegen mitläuft, ohne den Erziehungsbegriff selbst zu kritisieren.[124]“. Viele „Erkenntnisse“ der Sozialwissenschaften beruhten auf einem Kindheitsmodell, das revidiert werden müsste. Dies ist nicht der Ort, diese Diskussion mit allen Facetten wiederzugeben, dazu reicht der Platz nicht. Deshalb nur einige Argumente, welche die Tragweite des notwendigen paradigmatischen Wechsels in der Theoriediskussion verdeutlichen sollen:

---

[121] Hiltrut von Spiegel: Alltagsgestaltung im Heim ; in Hast u.a.,(Hrsg.): Heimerziehung im Blick, IGfH Eigenverlag, Frankfurt 2003, S. 111-112.

[122] Robert Soisson: Wer erzieht wen im Heim? In: Friedhelm Peters (Hrsg.): Professionalität im Alltag, Entwicklungsperspektiven in der Heimerziehung, Bielefeld 1993. Ich zitiere aus diesem Band, denn der Kongressbericht, erschienen 1991 im FICE-Verlag in Zürich ist vergriffen.

[123] Vgl. Dazu: Courtioux u.a.: Leben mit anderen als Beruf – der Sozialpädagoge in Europa, Heruasgegeben von der FICE, Zürich 1981

[124] Robert Soisson, id. S. 23

Im traditionellen Erziehungsverständnis ist das Kind unselbstständig, hilflos und dumm. Diese „ontogenetisch bedingte Unmündigkeit" wird jedoch heute zunehmend durch eine Sichtweise des Kindes, als denkendes, planvoll handelndes und aktives menschliches Wesen ersetzt.

Die durch die Psychoanalyse stark geprägte Entwicklungspsychologie führte zu einer Überbewertung der Bedeutung der ersten Lebensjahre des Kindes. Jerome Kagan spricht vom Kindheits-Determinismus[125] als einem der drei Grundirrtümer der Psychologie. Der Kindheits-Determinismus „behauptet, dass bestimmte Erfahrungen der beiden ersten Lebensjahre für immer bewahrt bleiben.[126]". Dem entgegnet Kagan, dass diese „frühen mentalen Ereignisse verlöschen wie die Schriftzüge im Meeressand, wenn die Flut kommt[127]. Dabei argumentiert er ähnlich wie Judith Rich Harris, die meint, dass Kinder in den frühen Lebensjahren zwar viel lernen, dass jedoch „der *Inhalt* dessen, was Kinder lernen für die Welt außerhalb ihres Zuhauses doch ganz irrelevant sein" kann. „Vielleicht streifen sie ihn, wenn sie hinaustreten, genauso leicht ab wie den unmöglichen Pullover, den ihre Mutter ihnen aufgezwungen hatte[128]."

Sowohl Kagan als auch Harris belegen auf humorvolle Art und Weise, dass die Sozial- und Erziehungswissenschaften mit äußerst problematischen Forschungsmethoden arbeiten. Als ersten seiner drei Grundirrtümer nennt Kagan den Irrglauben, „dass sich die meisten psychischen Prozesse beliebig verallgemeinern lassen[129]". Anhand zahlreicher Beispiele zeigt Judith Harris, dass aus Beziehungen, die zwischen elterlichen Erziehungsmethoden und

---

[125] Jerome Kagan: Die drei Grundirrtümer der Psychologie; Beltz, Weinheim und Basel, 2000
[126] Jerome Kagan: id. S. 10
[127] Jerome Kagan: id. S. 11
[128] Judith Rich Harris: Ist Erziehung sinnlos?, Rohwolt, Hamburg 2000, S. 36
[129] Jerome Kagan : id. S. 7

Persönlichkeitsmerkmalen (eines) ihrer Kinder festgestellt wurden fälschliche Schlussfolgerungen auf die Auswirkungen bestimmter „Erziehungsstile“ auf kindlichen Verhalten gezogen, die dann noch von populärwissenschaftlicher Literatur und so genannten „Fachzeitschriften“ verstärkt wurden. Auch Kagan wettert gegen diese Form von „Wissenschaftlichkeit“.

Judith Harris möchte in ihrem Buch belegen, dass der Einfluss der Eltern auf die Kinder oft überschätzt, der Einfluss der eigenen Persönlichkeit des Kindes sowie der Einfluss seiner Gleichaltrigengruppe und der Umgebung unterschätzt wird.

Die klassische, von der Psychoanalyse geprägte Annahme, dass ein Kind nach einem traumatischen Erlebnis mit bleibenden Schäden für seine psychische Entwicklung rechnen musste stellt quasi ein Dogma in den Sozialwissenschaften dar. In den letzten zehn Jahren wird jedoch zunehmend der Begriff der „Resilienz[130]“ untersucht, der besagt, dass Kinder sogar gefestigt aus solchen traumatischen oder stark belastenden Situationen hervorgehen können. In diesem Zusammenhang werden „Verhaltensstörungen“ nicht mehr nur als negative Reaktionen auf belastende Umstände beschriebe, sondern im Gegenteil als konstruktive Reaktionen des Kindes, die ihm helfen, die Situation zu bewältigen. Manchmal ist es eher die Reaktion der Umwelt auf diese Signale seitens des Kindes, die unangepasst ist und zu einer Eskalation der Konflikte führen kann. Daraus folgen sehr viele praktische Konsequenzen für den Umgang mit Problemkindern

---

130 Siehe z.B. Michel Manciaux, Stanislas Tomkiewicz : La résilience aujourd'hui, in : M. Gabel, F. Jésu, M. Manciaux : Bientraitances, Fleurus, Paris 2000. Michel Manciaux hat vor einem Jahr ein Buch herausgegeben, das exklusiv dem Thema Resilienz gewidmet ist.
Jo Boyden & Gillian Mann: Children's Risk, Resilience and Coping in Extreme Situations, Background paper to the Consultation on Children in Adversity, Oxford, 9-12 September 2000. Die Teilnahme an dieser Konferenz war für mich ein bereicherndes Erlebnis, nicht nur durch die Qualität der wissenschaftlichen Beiträge, sondern auch durch die zahlreichen Beiträge von betroffenen Kindern und Jugendlichen aus der ganzen Welt.

und ihren Familien, die in Frankreich unter dem Begriff „bientraitances“ zusammengefasst werden wie z.B. respektvoller Umgang mit Familien in schwierigen Lebenslagen, keine Bevormundung sondern Unterstützung von Lernprozessen, usw.

Kinderrechte

Die veränderte Sichtweise von Kindern und ihren Familien wurde gefördert durch die weltweit nach der Ratifizierung der UN-Kinderrechtskonvention einsetzende Diskussion über die Umsetzung der in dieser Konvention festgelegten Rechte.

Die Artikel der UN-Konvention werden gemeinhin in drei Bereiche unterteilt: auf Englisch die drei P's: Protection, Provision und Participation. In den reichen Ländern dieser Welt werden die meisten Kinder ausreichend geschützt und auch der materielle Wohlstand kann man bei den meisten Kindern als ausreichend bis gut bezeichnen. Probleme bei der Umsetzung der Konvention gibt es nur beim dritten P: der Partizipation. Und gerade dieser Aspekt ist das eigentlich Neue und Innovative an diesem Vertragswerk. Hier stoßen zwei Denkrichtungen aufeinander, die nur bedingt miteinander vereinbar sind: Der traditionelle Kinderschutzgedanken, der das Kind vor allem als unreifes, schutzbedürftiges Wesen definiert und die Kinderrechtsbewegung, die Menschenrechte auch für Kinder einklagt. Ein extremes Beispiel ist das Wahlrecht (für Kinder): Bob Franklin z.B. fordert die Abschaffung der Wahlaltersgrenzen und diskutiert in einem Artikel alle Argumente, die gegen ein Wahlrecht für Kinder vorgebracht werden: Kinder verstünden nichts von Politik, sie gäben ihre Stimme leichtfertig ab, sie vertrauten den Parteiführern blindlings, sie ließen sich von ihren Eltern beeinflussen usw. Jedes dieser Argumente trifft laut Franklin auch auf Erwachsene zu und verliert damit seine Gültigkeit[131]. Den Konflikt zwischen

[131] Bob Franklin: Kinder und Entscheidungen. Entwicklung von Strukturen zur Stärkung von Kinderrechten, in: Caroline Steindorff (Hrsg.): Vom Kindeswohl zu den Kinderrechten; Luchterhand, Neuwied 1994, S. 43 ff (aus dem Englischen übersetzt).

„Kinderschützern" und „Kinderrechtlern" könnte man noch an zahlreichen anderen Beispielen erläutern. Es scheint aber, als würden die Verfechter einer echten Partizipation von Kindern in Gesellschaft und Politik immer zahlreicher. Auch im Bereich der erzieherischen Hilfen gibt es immer mehr Verfechter des Kinderrechtsgedankens[132].

Das bedeutet, dass Kinderrechte das zentrale Paradigma darstellen an dem keine Theoriediskussion mehr vorbei kommt. Gerade in Zeiten, in denen der „discours sécuritaire[133]", wie er in Frankreich genannt wird immer mehr an Boden gewinnt ist es wichtig, dem allgemeinen Säbelgerassel mit Argumenten zu begegnen, die die menschliche Würde, die Intelligenz und die Solidarität in den Mittelpunkt stellen. Nobody is perfect, auch Kinder nicht. Kinder wurden lange genug „klein gehalten". „In den 20er Jahren, lange vor der Konvention über die Rechte des Kindes hat sich Janusz Korczak seine Gedanken über diese Rechte gemacht. In einer kürzlich erschienenen Biographie hat Betty Lifton die von Korczak formulierten Rechte zusammengestellt. Das Kind:

- hat Recht auf uneigennützige Liebe
- hat Recht auf Respekt

---

[132] Siehe unter anderen:
Wies de Boer u.a. (Hrsg.): Children's Rights in Residential Care: An international Perspective. Defence for Children International (DCI) section The Netherlands in Zusammenarbeit mit FICE, EFCW und NIZW, Amsterdam 1996
H. van den Boogaart u.a.: Rechte von Kindern und Jugendlichen: Wege zu ihrer Verwirklichung, Beiträge zum Frankfurter Rechte-Kongress der IGfH, Votum, Münster 1966
Susanne Hager-Blencke: Rechte von Kindern und Jugendlichen in erzieherischen Hilfen, in: Colla, Gabriel, Millham, Müller-Teusler, Winkler (Hrsg.): Handbuch Heimerziehung und Pflegekinderwesen in Europa, Neuwied; Luchterhand 1999, S. 463 ff.
Martina Kriener: Partizipation: Vom Schlagwort zur Praxis, in: Heimerziehung im Blick, IGfH Eigenverlag, Frankfurt am Main 2003, S. 132 ff.

[133] Salopp übersetzt ist dies der Ruf nach mehr Staat, mehr Polizei, mehr Kontrolle, härtere Bestrafung, usw.

- hat Recht auf optimale Entwicklungs- und Wachstumsbedingungen
- hat Recht auf ein Leben im Hier und Jetzt
- hat Recht darauf, sich selbst zu sein
- darf Fehler machen
- hat Recht auf Misserfolge
- muss ernst genommen werden
- hat Recht auf Anerkennung für das was es ist
- hat Recht auf Wünsche, Forderungen, Fragen
- hat Recht auf Geheimnisse
- hat Recht auf eine Lüge, einen Betrug und einen Diebstahl
- hat Recht auf Achtung seines Besitzes und seines Geldes
- hat Recht auf Erziehung
- hat Recht auf Widerstand gegen eine Erziehung, die seinen Ansichten widerspricht
- hat Recht auf Protest gegen Ungerechtigkeit
- hat Recht auf ein Kindergericht, in dem Gleichaltrige über sein Handeln urteilen
- hat Recht auf Verteidigung vor dem Kindergericht

Das Kind hat ein Recht darauf Kind zu sein, im Hier und Jetzt zu leben, sich selbst zu sein und Fehler zu machen, fürwahr ein herrliches Programm für die Familie und die Schule von morgen![134]“

Und für die Theoriediskussion von morgen!

[134] Zitiert nach: Robert Soisson: Kinder haben Rechte. Zur Notwendigkeit einer Kulturevolution im Kinderzimmer; in Forum, N° 173/174, Februar 1997

ANHANG

Enuresis, einige Überlegungen zum Thema Einnässen

Robert Soisson ist Diplom-Psychologe im Service Médico-Psycho-Pédagogique der Stadt Esch-sur-Alzette. Der nachfolgende Artikel ist der Text eines Vortrags, den der Verfasser dreimal öffentlich hielt: Am 12.10.88 im "Kopplabunz" in Luxemburg auf Einladung der "Femmes en détresse", am 16.03.89 im Hôtel Carrefour in Esch-sur-Alzette auf Einladung der 'Association des parents d'élèves de l'enseignement primaire" und am 23.05.89 wieder in Luxemburg im "Centre de formation pour familles monoparentales". Dem Wunsch vieler Teilnehmer, den Text nachlesen zu können, wollen wir mit dieser Veröffentlichung nachkommen.

Einleitung

5 - 10 % aller Kinder im Grundschulalter leiden unter Enuresis. Enuresis können wir definieren als "wiederholtes und nicht bemerktes Harnlassen in einem Alter von mehr als drei Jahren." (Stegat 1978, S. 2626)

Diese Definition wirft bereits einige Fragen nach den Voraussetzungen auf unter denen man von Enuresis sprechen kann, und zwar 1.der Entwicklungsstand des Kindes, 2. die Häufigkeit und 3. das Erscheinungsbild der Verhaltensstörung.

Die Kriterien nach denen ein Kind als Enuretiker eingestuft werden kann sind sehr unterschiedlich: Das Alter zum Beispiel. Es gibt immer noch Ärzte und Psychologen, die selbst bei 5- und 6-jährigen Kindern das Problem verharmlosen. Von der körperlichen und psychischen Entwicklung her dürfte jedoch ein normales dreijähriges Kind durchaus in der Lage sein erfolgreich seine Blase zu kontrollieren. Falls nach diesem Zeitpunkt, spätestens aber nach dem Erreichen des 4. Lebensjahres das Problem des Einnässens weiter bestehen bleibt, sollten die Eltern nach einer Behandlungsmöglichkeit für ihr Kind suchen.

Damit stellt sich auch die Frage, wie oft ein Kind einnässen muss, damit es als Enuretiker bezeichnet werden kann: Auch hier weichen die Meinungen der Spezialisten weit voneinander ab. Nach meinen Erfahrungen ist das Einnässen eine Verhaltensstörung, die - wie andere Verhaltensstörungen auch - verschiedene Stadien durchläuft. Demnach kann Einnässen in unterschiedlicher Häufigkeit auftreten. Bei Kindern mit primärer Enuresis - d.h. bei Kindern die noch nie "trocken" waren - findet das Einnässen sehr häufig statt, z.B. jeden Tag oder jede Nacht. Bei Kindern mit sekundärer Enuresis - d.h. bei Kindern die bereits einmal eine längere "Trockenperiode" erlebt haben findet das Einnässen seltener und unregelmäßiger statt. Der soziale Kontext, innerhalb dessen das Einnässen stattfindet, spielt auch eine Rolle in Bezug auf die Wahrnehmung und Beurteilung des Einnässens als Problem: So empfindet eine geplagte alleinerziehende Mutter das tägliche Einnässen ihres Kindes anders - und wahrscheinlich negativer - als z.B. wohlhabende Leute, die dem Kindermädchen den Umgang mit den negativen Folgen des Einnässens überlassen.

Ich habe bis jetzt bewusst von Einnässen - und nicht von Bettnässen gesprochen, obschon die meisten Leute bei dem Wort Enuresis nur an Bettnässen denken. Ein Enuretiker kann jedoch auch ein Kind sein welches tagsüber einnässt. Viele Lehrer und Lehrerinnen können Einiges über die "Wach-Enuresis" erzählen: Sie wird als Verhaltensauffälligkeit meist zuerst im Kindergarten und in der Primärschule erfasst. Am meisten verbreitet ist jedoch das Bettnässen; etwa jeder 10. Bettnässer macht auch noch am Tag in die Hose. Isoliert auftretende Wach-Enuresis ist sehr selten. Wie oben bereits angedeutet gibt es auch die primäre sowie die sekundäre Enuresis eine permanente respektive sporadische Enuresis.

Über die Verbreitung der Enuresis liegen sehr unterschiedliche Ergebnisse vor. Stegat (1978, S. 2627) zitiert 5 repräsentative Untersuchungen aus England, Schweden und Frankreich die an einer Population von 4 - 8jährigen Kindern durchgeführt wurden. Demnach nässen Jungen häufiger ein als Mädchen; bei 4jährigen findet man durchschnittlich 12 % Enuretiker, bei 8jährigen nur noch ca. 7 %. Enuresis ist also ein typisches Problem für das Kindesalter. Wenn auch mit zunehmendem Alter immer weniger Kinder einnässen so heißt das nicht dass die Eltern blindlings der Möglichkeit der spontanen Remission vertrauen sollten. Dazu werden sie leider viel zu oft besonders von Ärzten verleitet: "Warten Sie bis Ihr Kind das Pubertätsalter erreicht, dann löst sich das Problem von selbst".

Eine rezente Untersuchung im deutschsprachigen Raum wurde von Thalmann durchgeführt: Er versuchte anhand umfangreicher Daten die Verbreitung von Verhaltensstörungen bei Kindern im Grundschulalter sowie den Zusammenhang der so ermittelten "Symptombelastung" und verschiedener Umweltfaktoren zu beschreiben. Von 150 7- bis 10-jährigen Jungen waren 13 (8,7%) Enuretiker (Thalmann, 1974, S.86). Bettnässen trat häufig zusammen mit Schlafstörungen auf: "7 der 13 Enuretiker klagten über schlechten Schlaf das sind 54%, während unter den übrigen Kindern nur 23% an Schlafstörungen litten. Der Unterschied ist auf dem 5%-Niveau signifikant." (Ebd., S.87)

Doch bevor wir im Detail über Enuresis sprechen werden wäre es vielleicht angebracht kurz darzustellen, wie überhaupt ein Kind "sauber" wird:

Physiologie und Entwicklung der Blasenkontrolle

In enger Anlehnung an Stegat (Ebd., S.2628ff) will ich kurz beschreiben, was beim normalen Miktionsvorgang geschieht: Von der Niere zur Blase wird der Harn schubweise durch Bewegungen der Harnleiter befördert. Fein abgestimmte Muskelgewebe verhindern den Rückfluss sowie den vorzeitigen Ausfluss des Harns durch die Harnröhre. Die zunehmende Muskelspannung der Blase die sich langsam füllt und die entgegenwirkende, miktions-hemmende Muskeltätigkeit im Damm- und Penis-bereich werden wahrgenommen als "Harndrang".

Der Miktionsvorgang ist das Ergebnis der präzis koordinierten Tätigkeit einer ganzen Reihe von Reflex-Mechanismen; die willentliche Kontrolle des Harnlassens wird cortical gesteuert. Beim Kind können wir nach Muellner (1960) vier Entwicklungsstufen der Blasenkontrolle unterscheiden:

1. „Im ersten Lebensjahr werden bei Erreichen einer bestimmten Blasenfüllung reflektorisch Kontraktionen ausgelös4 und die Blase entleert sich, ohne dass der Säugling Einfluss auf Anfang Unterbrechung und Ende der Entleerung nehmen könnte. Drang- und Uriniergefühl werden vermutlich nicht wahrgenommen, sicher aber nicht als solche erkannt.

2. Im zweiten Lebensjahr können Drang- und Urinierempfindungen offensichtlich wahrgenommen werden. Miktionen können für kurze Zeit aufgehalten, aber erst dann willkürlich eingeleitet werden, wenn die Blase bis an die Miktionssschwelle gefüllt ist. Die Miktionshäufigkeit hat von 20mal innerhalb von 24 Stunden auf durchschnittlich 10mal abgenommen. Die Voraussetzungen für die erfolgreiche Tageskontrolle scheinen damit gegeben zu sein.

3. Während des dritten und vierten Lebensjahres reifen die Bedingungen für eine vollständige Blasenkontrolle. Das Kind wird in die Lage versetzt, Miktionen willkürlich für längere

Zeit aufzuschieben und zu unterbrechen. Gewisse Schwierigkeiten hat es allerdings immer noch, sie bei nicht voller Blase zu beginnen. Die Blasenkapazität ist mit vier Jahren auf das Doppelte der eines Zweijährigen angewachsen, die Miktionshäufigkeit auf täglich 6- 8mal zurückgegangen.

4. Mit 6 Jahren hat das Kind auch die letzte Hürde genommen, die es noch von dem physiologisch voll ausgereiften Miktionsverhalten Erwachsener trennte. Es kann das Harnlassen bei fast jeder beliebigen Blasenfüllung willkürlich einleiten. Damit hat es eine Fähigkeit erworben die die Tiere nicht erlangen....“ (Zit. nach Stegat, Ebd. S. 2632).

In diesem Zusammenhang stellt sich natürlich die Frage nach dem sogenannten "Sauberkeitstraining"-Hat es überhaupt einen Sinn Kinder sehr früh - z.B. ab dem 1. Lebensjahr - systematisch auf den Topf zu setzen? Falls Blasen- und Darmkontrolle in erster Linie Reifungsprozesse sind, ist es dann angebracht der natürlichen Entwicklung vorzugreifen? Es gibt Untersuchungen, die von einem gewissen Erfolg des Toilettentrainings berichten. Thalmann (Ebd., S. 157ff) sieht die "Reinlichkeitserziehung" eher als Ausdruck eines bestimmten Erziehungsstils von Eltern. Deutliche Zusammenhänge zwischen der Art der Reinlichkeitserziehung (rigoros bis inexistent) und dem Symptombelastungsgrad der untersuchten Kinder konnte er nicht feststellen. Aus seiner Untersuchung ging aber hervor dass "die Schwierigkeiten und Probleme bei der Reinlichkeitserziehung zahlreicher werden, je früher mit der Sauberkeitsgewöhnung begonnen wird und je strenger sie durchgeführt wird" (Ebd., S. 159.)

Ich nehme auch an, dass mit der Ablösung der traditionellen Stoffwindeln durch die Papierwindeln sich die Einstellung vieler Eltern zur Reinlichkeits-erziehung stark verändert hat: Dadurch dass das Waschen der Windeln entfällt, sind die Eltern toleranter geworden und üben nicht mehr wie früher starken Druck auf die Kinder aus, damit sie sauber werden.

Dem Vierphasenmodell von Muellner können wir entnehmen dass Kinder nach dem Erreichen des 3. Lebensjahres, spätestens aber nach dem 4. Geburtstag sauber sein könnten und sollten: Bei älteren Kindern, die noch nicht sauber sind, kann man bereits von Enuretikern sprechen. Damit sind wir wieder bei der anfangs dieses Vortrags zitierten Definition von Stegat angelangt!

Bedingungsfaktoren der Enuresis

In der Psychologie gilt es als anmaßend, die "Ursachen" einer Verhaltensstörung ausfindig machen zu wollen. Gewöhnlich tragen viele verschiedene Faktoren zur Entwicklung und Aufrechterhaltung problematischer Verhaltensweisen bei. Es ist deshalb sinnvoller, von statistisch gesicherten Zusammenhängen zu sprechen und auf Distanz zu gehen von Untersuchungen, die mit einseitig ausgewählten Patienten nicht beweisbare Behauptungen aufstellen oder bloß plausible Theorien zu belegen versuchen.

Als sicher gilt zum Beispiel, dass Enuresis unter Geschwistern von Enuretikern doppelt so häufig vorkommt wie unter diesbezüglich unauffälligen Kindern, dass Enuresis schichtspezifisch verteilt ist, dass sie nicht geographisch gehäuft auftritt, dass Enuretiker tiefer schlafen, dass kein Zusammenhang mit intellektuellen Leistungsstörungen dafür aber mit emotionaler Unreife besteht usw.

Stegat bespricht sechs häufig genannte Zusammenhänge (Ebd., S.2635 ff):

1. **Gestörte Funktionen des urinalen Systems**

Diese werden oft von Urologen als Ursachen der Enuresis genannt und sind oft Anlass für schmerzhafte Untersuchungen und teure Operationen. Selten werden diese Behauptungen jedoch wissenschaftlich untersucht, es existiert quasi kein Zahlenmaterial über Heilungserfolge und Rückfallquoten. Die oft erwähnte kleinere Blasenkapazität der Enuretiker ist sogar eher als Folge falscher Übung in Blasenkontrolle denn als Ausdruck eines neuromuskulären Entwicklungsmangels zu betrachten.

Ungefähr ein Fünftel der von mir behandelten Fälle sind bereits einmal operiert worden, ohne Erfolg.

2. Tiefschlaf

Der Schlaf von Enuretikern wurde mit verschiedenen Techniken untersucht. Auch wenn teilweise widersprüchliche Resultate vorliegen so wird doch mehrheitlich angenommen, dass Enuretiker einen tiefen Schlaf haben. Das behaupten auch die meisten Eltern wobei dies jedoch oft nur eine vordergründige Erklärung für die Verhaltensstörung sein kann.

3. Körperlich-seelische Entwicklungsstörung

Viele, methodisch leider unzulängliche Forschungsarbeiten versuchen, Beziehungen zwischen Enuresis und anderen Verhaltensauffälligkeiten herzustellen wie z.B. Sprachstörungen, Daumenlutschen, Nägelkauen, motorischer oder emotional-sozialer Unreife, cerebralen Schädigungen, Schwachsinn usw. Eine elegante Theorie, wenn auch mit wenig empirischen Fakten untermauert liefern tiefenpsychologische Ansätze: Hier wird Enuresis meist als "Symptom eines in früher Kindheit entstandenen, meist analytisch interpretierten Triebkonflikts" bezeichnet. (Stegat, Ebd., S.2638).

4. Sauberkeitserziehung

Wir haben dieses Thema bereits erwähnt im Kontext der Arbeit Thalmanns und auch Stegat kommt zu dem Schluss dass es wahrscheinlich nicht die Form des Trainings allein sondern zusätzliche, "bedeutsamere" Bedingungen sind die aus einem streng zur Sauberkeit hin erzogenen Kind einen Bettnässer machen.

5. Epilepsie

Ein Zusammenhang zwischen Bettnässen und nächtlichen epileptischen Anfällen konnte nicht nachgewiesen werden.

6. Heredität

Die Tatsache, dass Enuresis familiär gehäuft auftritt lässt die Annahme zu dass die Vererbung eine gewisse Rolle bei der Entstehung der Enuresis spielen könnte.

Kuhlen (1977, S.103) fasst im Anschluss an die Diskussion einer Vielzahl ätiologischer Deutungen der Enuresis diese in vier Grundkomplexen zusammen:

- Somatogenese;
- Regressionstheorie
- Aggression- und Trotztheorie
- Konstitutionstheorie"

Neben diesen vier Erklärungsmustern nimmt die Lerntheorie jedoch eine Sonderstellung ein: Ihre Erklärung der Enuresis als ein "Mangel an Gewöhnung" umfasst entwicklungs- und lernpsychologische Aspekte dieser Verhaltensstörung in einem dynamischen Modell. Kuhlan macht jedoch aufmerksam auf den Unterschied, der besteht zwischen der Entstehung einer primären (enuresis permanens) und einer sekundären (enuresis acquisita) Enuresis: Letztere kann nur sehr umständlich verhaltenstheoretisch beschrieben werden. Geradezu von entwaffnender Einfachheit und Plausibilität sind dagegen die tiefenpsychologischen Deutungen der sekundären Enuresis als "Kampfmittel" respektive als "Trotzreaktion" in dem Streben nach elterlicher Zuwendung und Liebe.

Behandlung der Enuresis

Als UNheilpädagogisch bezeichnet Stegat Maßnahmen, die leider heute immer noch sehr verbreitet sind, wie "Bloßstellungen, Strafen, Weckprozeduren und Flüssigkeitsentzug". Vom Bestrafen hält z.B. schon Prof. Spieler in seinem 1944 in der Schweiz erschienenen Heftchen über Enuresis nichts mehr. Er definiert Enuresis als ein Produkt falscher Erziehung (S.59) und präsentiert ein für die Schweiz damals neuartiges Gerät: Das Gitterbett. Dieses war nichts anderes als ein Weckapparat mit dem heute noch erfolgreich gearbeitet wird. Er schrieb dazu: "Uns fehlt jede Erfahrung damit. Erfreulich ist, dass die Apparatur wenigstens auf einem erzieherischen Prinzip beruht. "(Spieler, 1944, S. 40) Daneben beschreibt er eine Fülle von Behandlungsmethoden wo neben Tees, Hausmittelchen, Diätkuren auch das Gesundbeten erwähnt wird. Kuriositätshalber möchte ich dieses kleine Gebet zitieren:

"Heiliger St.Veit
Weck mich bei Zeit,
Nit zu früh, nit zu spat
Damit nichts ins Bett nei gat."
(Spieler, Ebd. S.44)

Neben den unheilpädagogischen Behandlungsmethoden erwähnt Stegat die Suggestivtherapie, operative Eingriffe, Reiztherapie, Röntgenstrahlen, Ultraschall, Elektroschock, Akupunktur usw. Erstaunlich wenig Fallberichte gibt es von tiefenpsychologischer Seite her; nach einer Erhebung von Blomfield und Douglas aus dem Jahre 1956 ist die Heilungsrate klinisch behandelter Enuretiker hier gleich null.

Bei der Diskussion der medikamentösen Behandlung der Enuresis widmet Stegat dem Medikament Tofranil einen breiten Raum. Dieses Medikament wird auch hierzulande sehr häufig an

Enuretiker verabreicht. Tofranil ist ein Antidepressivum, dessen Wirkungsbreite noch nicht vollständig bekannt ist. Lediglich während der Einnahme kann die Zahl der nassen Nächte signifikant verringert werden. Nach dem Absetzen des Medikaments lässt seine Wirkung wieder völlig nach. Die Meldungen über unangenehme Nebenwirkungen bis hin zu hochgradigen Intoxikationen mit Todesfall werden immer unüberhörbarer. (Stegat, Ebd., S.2644)

"Im Vergleich mit anderen Verfahren sind verhaltenstherapeutische Methoden zur Behandlung der Enuresis nicht nur theoretisch relativ klar durchdacht und damit experimenteller Untersuchung gut zugänglich, sondern auch, was für den Praktiker besonders wichtig sein dürfte, relativ leicht durchführbar und in ihrer Wirksamkeit allen bisher bekannten Verfahren überlegen. "(Stegat, Ebd., S.2644)

Bei der verhaltenstherapeutischen Behandlung der Enuresis werden vor allem Apparate benutzt, deren Konzeption leicht voneinander abweicht. Ursprünglich glaubte man, das erwünschte Verhalten würde im Sinne der klassischen Konditionierung aufgebaut. Später wurde das Konzept des instrumentellen Vermeidungslernens herangezogen um den Behandlungsprozess zu beschreiben, Stegat entwickelt gar ein Dreiphasenmodell (Stegat, Ebd. S.2652). Allen apparativen Behandlungsmethoden gemeinsam ist jedoch den Heilungsprozess "dadurch zu ermöglichen, dass man eine Weckhilfe zeitlich so nahe wie möglich an das Überschreiten der kritischen Blasendehnungsschwelle und die damit verbundene mögliche, aber offenbar noch nicht thematisierte Hamdrangwahmehmung heranführt." (Stegat, Ebd. S.2651)

Verhaltenstherapie basiert im Wesentlichen auf den Erkenntnissen der Lerntheorie(n). Alle Lerntheorien nehmen an, dass die Verhaltensweisen des Organismus durch Lernprozesse erworben sind. Ein Organismus kann sich respondent, d.h. reaktiv oder operant, d.h. instrumentell verhalten. Diesen beiden Verhaltensweisen entsprechen zwei Konditionierungsmuster: Klassische und instrumentelle Konditionierung.

Bei der klassischen Konditionierung spricht man von Verstarkungskonditionierung, wenn der auf das Verhalten folgende Stimulus positiv ist (bei Belohnung z.B.), und von Vermeidungskonditionierung, wenn der Stimulus negativ ist (bei Strafe z.B.).

Bei dem klassischen Experiment von Pawlow gelang es den Nachweis zu erbringen, dass ursprünglich neutrale Reize, wenn sie zusammen mit angenehmen resp. unangenehmen Wertreizen dargeboten werden, selbst die Funktion dieser Wertreize übernehmen können. Die Reaktion des Individuums wird von einer unbedingten (unkonditionierten) zu einer bedingten (konditionierten) Reaktion. Zahlreiche Lernprozesse lassen sich auf diese Weise erklären; von der Speichelabsonderung des Hundes beim Glockenton bis hin zur Angst des Kindes vor der Polizistenuniform.

Skinner erweiterte die Theorien Pawlows, indem er nachwies, dass sich Lernprozesse nach dem Gesetz der Wirkung vollziehen, d.h. dass Verhalten durch die Konsequenzen, die es hervorruft gesteuert werden kann. In der Skinner-Box lernten Ratten aus einer Fülle von Verhaltensweisen diejenigen zu lernen und in ihre Repertoire zu integrieren, die zu Erfolg führten, nämlich die Taste zu drücken, die ihnen eine Futterpille zuführte.

Je nachdem ob man einen positiven oder negativen Reiz anbietet oder wegnimmt, können unterschiedliche Klassen instrumenteller Konditionierung unterschieden werden: Die Darbietung eines angenehmen Reizes wäre demnach eine positive Verstärkung; der Entzug dieses angenehmen Reizes jedoch eine Bestrafung (durch Verstärkerentzug). Die Darbietung eines unangenehmen Reizes stellt eine Bestrafung durch aversive Konsequenz dar; der Entzug des unangenehmen Reizes eine negative

Verstärkung, die sich in Flucht oder Vermeidungsverhalten ausdrücken kann. Eine fünfte Konditionierungsklasse stellt die Löschung (Extinktion) von Verhaltensweisen dar.

In der Verhaltenstherapie der Enuresis gab es viele Diskussionen, welchem Konditionierungstyp Bettnässen zuzuordnen sei. Entsprechend verschieden waren dann auch die apparativen Hilfsmittel. Der erste Apparat, der 1938 von Mowrer und Mowrer entwickelt wurde, versuchte eine Koppelung der kritischen Blasendehnung mit der gleichzeitigen Reaktion (Aufwachen und Hemmung der Entleerung) mittels eines Klingelzeichens zu erreichen. Crosby (1950) versuchte durch einen leichten Elektroschock, die Zeitspanne zwischen Einnässen und Aufwachen noch zu verkürzen. Funktionierten diese beiden Apparate nach Meinung Ihrer Erfinder nach dem Prinzip der klassischen Konditionierung, so benutzte Lovibond (1963) das Paradigma der instrumentellen Konditionierung zur Entwicklung seines "Zwillings-Signal-Apparats" Seiner Auffassung nach konnten Pannen besonders nach der Behandlung - d.h. Rückfälle - vor allem dadurch erklärt werden dass die beiden erstgenannten Apparate lediglich ein Vermeidungstraining durchgeführt hatten, das die Phase des Fluchtlernens ausschloss.

'Wenn ein vollständiges und effektives Vermeidungslernen stattfinden sollte, musste also der Apparat so konstruiert werden, dass der aversive Stimulus ... durch die adäquate Reaktion, die Muskelkontraktion, beendet wird. Als solchen konditionierten aversiven Reiz verwendete Lovibond einen intensiven Hupton, der sofort bei Benetzen der Unterlage einsetzt und eine Sekunde lang anhält, so dass in jedem Falle die Reaktion, nämlich die Muskelkontraktion als kausal für eine Beendigung des Reizes "empfunden" werden muss. Nach diesem konditionierten aversiven Reiz und einer anschließenden Pause von einer Minute folgt ein Summton, der die Eltern aufwecken soll (und eventuell auch das Kind selbst), um die Unterlage auszutauschen und den Apparat wieder funktionsfähig zu machen für die nächste Entleerung. Hupton und

Summer gemeinsam bilden das sogenannte "Zwillingssignal': (Kuhlen, Ebd. S. 108)"

Ich möchte an dieser Stelle natürlich nicht in die Details dieser theoretischen Auseinandersetzungen eingehen. Das obige Zitat soll nur verdeutlichen, dass sich die Verhaltenstherapeuten ernsthaft Gedanken darüber machen, wie der Vorgang der Enuresis lerntheoretisch erklärt werden kann.

In zahlreichen methodisch korrekten Untersuchungen und Experimenten wurden sowohl verschiedene Apparate untereinander als auch mit nicht-verhaltenstherapeutischen Behandlungsmethoden verglichen. Die Resultate sprechen für sich: Die Effektivität der Konditionierungsmethoden ist unumstritten und sehr gut durch Zahlenmaterial belegt. Bei psychotherapeutischen Methoden sind die Effektivitätsangaben fraglich, außerdem fehlt es an Kontroll- und Nachuntersuchungen.

Die Rückfallquoten bei apparativer Behandlung liegen bis zu So %, können aber drastisch gesenkt werden durch eine konsequente Durchführung des Trainings (seitens der Eltern), durch eine Verlängerung der Anwendungszeiten sowie eventuell dem Übergang zu intermittenter Verstärkung in einer gewissen Phase der Behandlung. In vielen Fällen wird eine Nachbehandlung empfohlen: Damit kann die Rückfallquote noch weiter gesenkt werden.

Es treten in der Regel keine unerwünschten Nebeneffekte auf. Im Gegenteil: Die Kinder, die von ihrem Leiden befreit sind, erhöhen ihre soziale Anpassungs- und Handlungsfähigkeit; die Beziehungen zu den Eltern werden besser. Auch für das Märchen von der Symptomverschiebung konnten keine Belege gefunden werden.

Enuretiker unterscheiden sich nicht von der Population gleichaltriger, "normaler" Kinder. Bei Thalmann fand sich z.B. kein Zusammenhang zwischen dem Grad der Symptombelastung und

Enuresis, was das Bild vom schwer verhaltensgestörten Enuretiker relativiert.

Siegfried Grosse (1980) verglich in einer rezenten Untersuchung zwei Apparate, die sich problemlos in der ambulanten Therapie einsetzen lassen. 'Mit dem Gerät ROE 70 konnte eine signifikant höhere Heilungsquote erzielt werden" (Grosse, Ebd., S. 280). Mit diesem Gerät arbeite ich ebenfalls sehr erfolgreich seit 1979 in Esch. Grosse verglich auch die einfache Anwendung des Gerätes mit einer kombinierten Methode nach Azrin: Er kam zu dem Schluss, dass die "apparative Standardmethode durch die Hinzunahme operanter Techniken (Dry-Bed-Programm) in ihrer Effizienz nicht gesteigert werden" konnte (Grosse, Ebd., S. 281).

Anhand des oben erwähnten Gerätes ROE 70 will ich kurz erläutern, wie die Behandlung des Bettnässens verläuft. Für Kinder, die tagsüber einnässen, gibt es übrigens ein tragbares Gerät, das nach dem gleichen Prinzip arbeitet, und welches von derselben Herstellerfirma stammt.

In einem ersten Gespräch mit den Eltern wird anhand eines halbstandardisierten Fragebogens versucht, das Problemverhalten genau zu umreißen. Bei einer zweiten Unterredung, diesmal im Beisein des Kindes, wird das Funktionieren des Apparates erklärt und der zeitliche Ablauf der Behandlung geplant. Die Eltern werden darauf aufmerksam gemacht, wie wichtig es ist, die Anweisungen der Gebrauchsanleitung sehr genau zu befolgen, und bei Problemen bei der Anwendung sich sofort mit dem Psychologen in Verbindung zu setzen.

Vor allem die ersten 14 Tage sind von entscheidender Bedeutung für das Gelingen der Behandlung. Besonders wichtig ist es, mit dem Kind in dieser Phase der Behandlung etwa vorhandene Schuldgefühle zu besprechen und seiner eventuell vorhandenen Furcht vor der Apparatur dadurch zu begegnen, dass man es die Apparate manipulieren und ausprobieren lässt.

Für eine "normale" Behandlung sehe ich einen Zeitraum von drei Monaten vor, innerhalb dessen die Eltern regelmäßig in Abständen von 14 Tagen telefonisch Auskunft über den Verlauf der Behandlung geben sollten.

Die Apparatur besteht aus einer speziell beschichteten Folie, die unter das Bettlaken gelegt wird. Sie ist mit dem denkbar einfach konstruierten Weckgerät durch ein langes Kabel verbunden, welches verhindern soll, dass das Kind vom Bett aus den Weckton ausschalten und weiterschlafen kann. Der Weckton kann in der Lautstärke reguliert werden.

Vor Beginn der Behandlung sollte das Kind das Aufstehen und zur Toilette gehen einüben, damit es später nicht durch plötzlich auftretende Gefühle von Angst oder Unsicherheit davon abgehalten wird.

Erschwerend für die Behandlung sind ungünstige Wohnverhältnisse: Oft müssen sich die Kinder durch die Dunkelheit über Treppen und Flure zu der einzigen Toilette im Haus vortasten; in dem Falle empfehle ich den Eltern auf den bewährten Nachttopf zurückzugreifen. Besonders in diesen Fällen ist es wichtig, dass die Eltern in den ersten zwei Wochen der Behandlung aktiv mithelfen! Konkret heißt das, dass die Eltern beim Ertönen des Wecksignals aufstehen, das Kind notfalls wecken, es zur Toilette begleiten und anschließend die Bettwäsche wechseln. Diese Handlung ist sehr wichtig und kaum einem Kinde zuzumuten; das Kind soll sich nämlich an eine trockene Umgebung gewöhnen. Ältere Kinder können eventuell selber ihr Bett frisch beziehen.

Das Kind sollte fast nackt im Bett schlafen, jedenfalls ohne Pyjamahose um zu erreichen, dass bei einer auftretenden Miktion das

Urin möglichst direkt an die Oberfläche der Folie gelangen und das Wecksignal auslösen kann.

Den Eltern wird auch nahegelegt, alle oben erwähnten unheilpädagogischen Maßnahmen sofort zu beenden: Die Kinder können trinken wann und wieviel sie wollen, Weckprozeduren dürfen nicht mehr angewandt und Windeln nicht mehr benutzt werden. Auch Medikamente müssen sofort abgesetzt werden.

Der Gebrauchsanleitung des Apparates liegt ein Beobachtungsprotokoll bei, welches die Eltern gewissenhaft ausfüllen sollen. Notiert wird der Zeitpunkt des Zubettgehens, der Zeitpunkt des Einnässens, die Größe des nassen Flecks usw. Die Analyse dieser Protokolle hat gezeigt, dass der nasse Fleck im Laufe der Behandlung immer kleiner wird, d.h. dass die Kontraktion des Schließmuskels immer schneller auf die Wahrnehmung des Wecksignals hin erfolgt. Außerdem verlagert sich der Zeitpunkt des Einnässens immer mehr zum Morgen hin, d.h. es gelingt dem Kind immer größere Zeitabstände zwischen der letzten - willentlichen - Miktion und dem ersten nächtlichen Einnässen zu überbrücken.

Die erste Phase der Behandlung ist für das Kind und für die Eltern am schwierigsten, kann es doch vorkommen, dass das Kind mehrmals hintereinander in einer Nacht einnässt. Bereits nach 14 Tagen zeigen sich jedoch in der Regel schon erste Erfolge, sprich "trockene" Nächte.

Bis auf einige Ausnahmen ist die Behandlung nach zwei Monaten abgeschlossen; während dem dritten Monat geschieht nicht mehr viel. In einigen Fällen konnte sogar eine völlige Heilung innerhalb von 14 Tagen erreicht werden. Paradebeispiel in meiner "Klientel" war ein 9-jähriges Heimkind, welches noch nicht eine trockene Nacht erlebt hatte und mit Hilfe des Geräts - trotz erschwerter Bedingungen im Mehrbettzimmer - nach nur einer Woche definitiv von seiner Verhaltensstörung befreit werden konnte. Im

Gegensatz zu einigen von Stegat (Ebd., S. 2647) zitierten Untersuchungen sind in der von mir behandelten Population die am häufigsten einnässenden Kinder diejenigen, die am schnellsten sauber werden. In Übereinstimmung mit denselben Untersuchungen stellte ich fest, dass primäre Enuresis leichter zu behandeln ist als sekundäre Enuresis.

In der Regel haben die Eltern keine Probleme im Umgang mit dem Apparat. Auch die Kinder klagen nicht über unangenehme Erfahrungen. Die Unannehmlichkeiten besonders in der ersten Phase der Behandlung (Aufstehen, zur Toilette gehen, Bettwäsche wechseln) werden als unerheblich betrachtet gegenüber dem was Eltern und Kinder vorher mitgemacht haben: Die viele Arbeit und die finanzielle Belastung, die das Bettnässen mit sich bringt (tägliches Waschen der Bettlaken, periodische Erneuerung von Laken und Matratzen, Arztbesuche und Medikamente), Streit und gegenseitige Schuldzuweisung in der Familie, zahlreiche Verbote und Einschränkungen (Trinken, Besuche bei Freunden und Bekannten, Reisen), negative Auswirkungen von "Folterungen" und unheilpädagogischen Maßnahmen (Nervosität, Schuldgefühle) sowie der Spott von Geschwistern, Mitschülern und gar Erwachsenen.

Ein Vorteil der apparativen Behandlungsmethode ist in diesem Sinne sicher die Tatsache, dass versucht wird, dem Kind alle Schuldgefühle abzunehmen, indem ihm erklärt wird, dass Bettnässen eine häufige Verhaltensstörung ist, dass das adäquate Verhalten nicht gelernt wurde und mit Hilfe des Apparates dieser Lernvorgang nachvollzogen werden kann.

Ein weiterer Vorteil des Gerätes ist sein niedriger Preis. Zurzeit kostet ein Weckgerät inklusive Einlagen rund 200 DM. Mehr braucht heute niemand mehr auszugeben, um sein Kind von einem lästigen Leiden zu befreien.

Nachtrag

Fast alle Zuhörer der Konferenzabende waren als Eltern unmittelbar mit dem Problem der Enuresis konfrontiert und berichteten über vielfältige und meistens enttäuschende Behandlungsversuche. Das Misstrauen gegenüber der apparativen Behandlung ist eindeutig vorhanden aber viele Eltern ließen sich zu einem Versuch überzeugen.

Das größte Problem bestand darin, dass ich zwar im Escher Service MPP über eine kleine Anzahl von Geräten verfüge, nicht genug aber um gleichzeitig so viele Behandlungen durchzuführen. In der Praxis wurden die Apparate in Esch auch nur an arme Familien ausgeliehen; in allen anderen Fällen kaufte die Familie ein Gerät bei der Herstellerfirma in Deutschland.

Dies ist heute aber nicht mehr notwendig, da die Krankenkassen seit einigen Monaten die Kosten für das Gerät übernehmen.

Nachdem mir die Münchener Herstellerfirma Schienagel mitteilte, dass sie Kontakte mit dem Comptoir Pharmaceutique in Foetz aufgenommen hatte bezüglich des Vertriebs ihrer Produkte im Benelux-Raum, setzte ich mich unverzüglich mit dieser Firma in Verbindung, um Preis und Lieferbedingungen zu erfahren. Nach einigen Gesprächen mit den Verantwortlichen des CPL wurde beschlossen, ein Gesuch beim Zentralkomitee der Krankenkassenvereinigung zwecks Übernahme der Kosten für die Bettnässer-geräte einzureichen. Im Dezember 1988 stellte ich ein umfangreiches Dossier für das Komitee zusammen und im Mai 1989 erreichte uns die gute Nachricht, dass die Krankenkassen positiv auf den Antrag reagierten. Die Entscheidung Nummer 11/89 lautet folgendermaßen :

"Sur base d'une ordonnance médicale et d'une autorisation préalable du contrôle médical de la sécurité sociale les caisses de maladie sont autorisées à prendre en charge, au prix facturé, les appareils contre l'énurésie pour des enfants ayant l'âge de six ans accomplis."

Eine Einschränkung wurde also gemacht, was das Alter des Kindes anbelangt. Eltern, die schon früher mit der Behandlung beginnen möchten, müssen also nach wie vor auf eigene Kosten ein Gerät erwerben. Zurzeit kostet das Gerät hier in Luxemburg rund 3700.- Franken.

Für nähere Auskünfte stehe ich jederzeit unter der folgenden Adresse zur Verfügung.

Robert SOISSON
Service Médico-Psycho-Pédagogique
3, Place Norbert METZ
L - 4239 ESCH-SUR-ALZETTE
Tél. : 547383-489/494

LITERATUR

- GROSSE, Siegfried: Bettnässen, Frankfurt am Main 1980
- KUHLEN, Vera: Verhaltenstherapie im Kindesalter, München 1977
- SPIELER, Josef: Aber er nässt immer noch, Stuttgart 1944
- STEGAT, Harry: Enuresis In: Handbuch der Psychologie, 8. Band: Klinische Psychologie, 2. Halbband, S. 2626-2661, Göttingen 1977
- THALMANN Hans-Christian: Verhaltensstörungen von Kindern im Grundschulalter, Stuttgart 1974

Voyage d'études en Israël

Vous lirez ci-après le rapport sur le voyage d'études d'une délégation de l'ANCE luxembourgeoise en Israël du 28 septembre au 7 octobre 1989. La reconstitution de tous les détails de notre visite en Israël n'aurait jamais pu se faire sans les notes prises par Nathalie et Raymond Ceccotto lors du voyage. Avec Raymond, j'ai dépouillé ces notes pour pouvoir rédiger un texte cohérent. Mais ce texte serait médiocre, imprécis et plein de fautes si Nathalie Ceccotto, Marie-Anne Daubenfeld, Edith Oberweis et Fernande Schramer n'avaient pas lu, corrigé et commenté la première version.

Jeudi, 28 septembre 1989

On se lève très tôt ce matin pour arriver à temps à l'aéroport de Luxembourg. 6.00 heures ! Il exagère, ce Robert ! Et cela uniquement pour répartir les trésors que nous emporterons vers la terre promise dans les bagages. Mais comme les petits cadeaux font les grands amis, tout le monde supporte avec patience cette corvée. 7.30h : Départ vers Francfort ! Chacun monte à bord de la Fokker sauf Robert, qui en guise de punition pour ses extravagances doit faire un détour par Munich. Un voyage sans histoires. Le temps est mauvais à Francfort ; il pleut à Munich. La délégation arrive en Israël vers 16.00 h à l'aéroport Ben Gurion et est reçue par Alexandre Schemer, le directeur du centre de Hadassah-Neurim près de Natanya. 28 degrés à l'aéroport ! Ça promet ! Alexandre nous attend avec un bus, conduit par l'aimable Ahmed Zabi Suliman qui nous accompagnera pendant tout notre séjour.

Neurim, ce n'est pas le grand luxe. Après quelques petites réparations ci et là dans les chambres, nous nous retrouvons pour un repas servi dans l'immense cantine du centre. Après le repas, Robert nous rejoint. Il a été attendu à l'aéroport par Meir Gottesmann, directeur général en retraite de la Youth Aliyah et Emmanuel Grupper, responsable pour les échanges internationaux.

Vers 20.00 heures, nous avons une première réunion. Meir Gottesmann nous souhaite la bienvenue et donne quelques explications sur l'histoire de l'Aliyah des Jeunes, l'éducation dans les grands internats en Israël et le centre de Neurim. Alexandre Schemer et Emmanuel Grupper présentent le programme des visites. Après que chaque participant du groupe se soit brièvement présenté une discussion s'engage sur le programme des visites qui fut maintenu dans ses grandes lignes. Les participants insistent pour visiter Massada, un must pour tout voyageur en Israël.

[135]

[135] Emmanuel Grupper et Myriam, qui ont organisé notre voyage et nous ont accompagnés du premier au dernier jour.

Vendredi, 29 septembre 1989

Heureusement qu'on a l'habitude ! En Israël aussi, on se lève tôt ! Après le petit-déjeuner, visite du kibboutz Giw'at Hayyim, non loin de Natanya.

En Israël, 3% de la population seulement vivent en kibboutz. Alexandre nous donne un aperçu sur l'histoire et l'évolution des kibboutzim. Fondés par des pionniers dans les années 30 et d'inspiration socialiste, les kibboutzim ont survécu malgré une situation économique précaire. Il y en a qui sont très riches mais la majorité a des difficultés pour survivre. On essaye de diversifier la production agricole et d'implanter des complexes agro-industriels (conserves, jus de fruits. etc.). L'individualisme est de plus en plus respecté : Les enfants retournent dans leur famille le soir ; chaque famille a sa propre maison.

Dans le kibboutz, notre guide Beni Ashalom, d'origine américaine, nous confirme tout cela. Il exerce la tâche d'assistant social du service d'éducation spécialisée du kibboutz. En effet, ce kibboutz est connu pour sa bonne situation économique et pour son école d'éducation spécialisée unique en Israël.

L'école fut créée en 1956/57 en se basant sur les idées de Bruno Bettelheim par Benjamin Shépir, un pédagogue israélien. A l'époque, l'enfant handicapé ne trouvait pas sa place dans le kibboutz, son handicap lui défendant de servir la communauté. Pour mettre un point d'orgue, la première classe fut installée sur le haut d'une tour d'eau désaffectée. Actuellement, 250 élèves fréquentent cette école. La moitié vient des autres kibboutzim, l'autre moitié de tout le pays d'Israël. Ce sont des handicapés légers : 65 % ont des troubles cérébraux, organiques ou d'apprentissage (p. ex. dyslexie - faut le faire en hébreu !), 25% ont des troubles d'ordre émotionnel et 3-5% sont des retardés mentaux légers. Le reste se répartit sur d'autres catégories de handicaps.

"L'idée de mélanger ces élèves, favorise par le contact avec les différences des autres, d'accepter mieux sa propre différence", nous dit Jerry.

Ce qui sort du commun, c'est que chaque élève de cette école est intégré dans une famille d'accueil au kibboutz. Il n'y a donc pas de dortoirs style "internat". Les repas sont pris en commun avec les membres du kibboutz dans la grande cantine centrale. Les élèves rentrent chez leurs familles d'origine pendant le week-end. L'école intervient au niveau de ces familles par l'intermédiaire d'assistants sociaux ou d'assistantes sociales. La famille d'origine ne doit pourtant pas présenter une structure pathologique (milieu criminel, prostitution, drogues) afin de garantir l'efficacité du travail social.

[136]

[136] Aire de jeux au kibboutz GIW'AT-HAYYIM

La visite des lieux est impressionnante : Intérieurs soignés, bâtiments communs de conception architecturale moderne et de très bon gout, nombreuses structures de garde pour les enfants avec terrains de jeux. Un vaste espace est réservé aux animaux de toutes sortes ; mi- enclos, mi- ferme, il permet un travail thérapeutique à travers la relation avec l'animal. Il permet également l'apprentissage d'un rythme de travail par l'intermédiaire des soins apportés aux animaux.

Lors de notre visite, nous constatons une grande activité pour la préparation de la fête du nouvel an, car nous sommes la veille de l'an 5750. C'est une des raisons pourquoi nous n'avions pas rencontrés d'élèves dans les salles de classe.

Relevons également que le kibboutz renferme un mémorial sur le camp de concentration de Theresienstadt. La dame qui nous a donné quelques explications sur ce camp - qu'elle a connu pendant sa jeunesse - serait très intéressée à prendre contact avec des survivants luxembourgeois de Theresienstadt.

Après le déjeuner nous avons l'occasion de nous baigner dans la Méditerranée, le centre de Neurim se trouvant situé directement à la plage.

Le soir, Alexandre Schemer nous présente deux vidéos sur le village de Hadassah-Neurim et sur le problème de l'intégration des jeunes juifs éthiopiens, venus en masse dans le pays par l'intermédiaire de l'Opération Moïse".

Le repas de fête rituel pour la Nouvelle An, nous le prenons en commun avec un groupe de jeunes éthiopiens.

Samedi, 30 septembre 1989

Nous sommes le 1er jour de l'an 5750. En Israël on a beaucoup de jours fériés et les week-ends, c'est compliqué : Le vendredi est le jour saint des arabes, le samedi celui des juifs, le dimanche celui des chrétiens. Ce samedi, pas moyen de trouver quelqu'un qui travaille. On consacre donc cette journée entièrement au tourisme. Le matin, on visite un village druse : Daliyat él Karmil dans le massif du Carmel. Après nous visitons l'église carmélite de Muhraqah. Nous avons un entretien avec un carmélite espagnol qui avait des doutes sur le nombre de prophètes (450) tués par Élie en ce lieu saint. Superbe vue sur le massif du Carmel. Tout près se trouve Nazareth avec son église de l'Annonciation, un bâtiment en béton à deux étages érigés sur les ruines des catacombes de la ville. Sous la surveillance étroite d'Alexandre, Myriam et Ephraïm, nous regagnons le bus pour être conduit à un lieu moins saint que ceux que nous verrons toute la journée et qui sert uniquement à organiser des picnics.

Après le repas c'est la visite des lieux saints au lac de Génésareth. Nous traversons les villages arabes historiques de Cana et de Kfar Nahum. Jésus y prêcha et y accomplit pas mal de miracles. Être à 212 m sous le niveau de la mer, ça vous donne le frisson, mais on s'y habitue très vite. Le Mont des Béatitudes est couronné par une chapelle érigée par Benito Mussolini qui était donc un bon chrétien ! Ici Jésus Christ a tenu le célèbre sermon dit "de la montagne" qui en fait contient tout le "programme" du christianisme. Les chapelles se succèdent : En chaque endroit avait lieu un miracle. Ainsi Tabgha (= les 7 sources) p.ex. est le lieu de la multiplication des pains et des poissons. Les chapelles, des constructions récentes de styles indéfinissables sont de goût discutable mais les sites sont charmants. Pour la plupart, ces chapelles hébergent des vestiges anciens (Mensa Christi) ou des mosaïques byzantines. Et puis on marche sur une terre historique : A voir ce berger passer avec son troupeau de moutons on se croirait transféré au temps de la bible.

[137]

Tibériade, lieu touristique situé agréablement sur les berges du lac aux noms multiples (Yam Kinnereth, mot hébreu pour désigner sa forme en lyre, Sea of Galilee, Sea Genesareth ou encore Lac de Tibériade) voit défiler les derniers estivants : La saison touche à sa fin bien que le temps pour nous autres est encore superbe. Le soleil couchant plonge les hauteurs du Golan de l'autre côté du lac dans une lueur rougeoyante. Tibériade est également un lieu de pèlerinage pour les juifs : Ici ont vécu, ont enseigné et sont enterrés de nombreux rabbins très éminents.

[137] Picnic à midi avec nos accompagnateurs

[138]

Avant la tombée de la nuit, nous profitons de l'occasion pour voir l'endroit où a œuvré il y a à peine 2000 ans St. Jean Baptiste. Là où le Jourdain sort du lac, près du village de Kinnereth, Jésus a été baptisé à l'époque. La faible lueur du jour qui se meurt permet quand même encore quelques baptêmes improvisés pour les moins pieux du groupe. L'eau du Jourdain est vendue avec certificat d'authenticité par le kibboutz Kinnereth tout proche.

Dimanche, 1er octobre 1989

Comme c'est dimanche et que c'est le deuxième jour de la fête du Nouvel An, pas question de voir des institutions chrétiennes ou juives. On profite donc pour visiter un centre pour jeunes inadaptés sociaux et délinquants à Shefar'am, village habité par des arabes chrétiens et musulmans.

---

[138] Mathilde profite de l'endroit pour se faire rebaptiser par Raymond

139

M. Katém Bahous, le directeur, nous souhaite la bienvenue et donne des explications sur le centre qui héberge actuellement 16 pensionnaires que l'on pourrait caractériser avec prudence par les termes d'inadaptés sociaux, prédélinquants ou délinquants. Quelques-uns d'entre eux n'ont pas de famille ou proviennent de familles mixtes arabes-juives. Il paraît que ces familles mixtes rencontrent le plus de problèmes dans la société Israélienne parce qu'elles ne sont pas vraiment acceptées par personne.

Le but du centre est le travail préventif chez les jeunes de 15-18 ans. Si les pensionnaires du centre ont déjà commis p ex. quelques petits vols, on essaye de les empêcher à commettre d'autres crimes plus graves. Les origines de la délinquance dans cette partie d'Israël et dans les familles arabes sont les problèmes sociaux et économiques des jeunes et les conflits avec la loi. Le modernisme qui caractérise la société Israélienne mène à une transformation de la famille arabe : Elle devient moins patriarcale et moins rigide. Cet ébranlement des

[139] Dans les rue de Betlehem

structures et valeurs traditionnelles entraîne la violence et la délinquance. Le fait que la contraception et l'avortement ne sont pas tolérés chez les arabes (ni d'ailleurs chez les juifs traditionnalistes) conduit aux familles nombreuses : 50% de la population arabe sont des jeunes de moins de 18 ans. Pour des raisons évidentes, les jeunes arabes ne sont pas mobilisés dans l'armée israélienne, ce qui fait qu'une grande partie des jeunes de 18 à 21 ans se retrouvent au chômage, terrain propice pour la délinquance.

L'institution de Shefar'am cherche à stimuler les jeunes à faire une formation professionnelle. Activement, le personnel d'encadrement recherche des emplois à l'extérieur. Les jeunes ont des contacts fréquents avec les éducateurs qui eux recherchent le contact avec la famille d'origine des pensionnaires Des drogués sont pris en charge uniquement s'ils n'ont pris que des drogues douces. Malgré une méfiance des habitants au début, l'institution de M. Katém Bahous est bien intégrée au village.

Il faut dire que cette institution est une expérience-pilote en Israël. Pour la majorité des jeunes délinquants l'incarcération est la seule mesure possible. La prise en charge des jeunes comme ceux de Shefar'am est déléguée aux associations privées : Le gouvernement paye 1000 Shekel par pensionnaire et par mois, ce qui fait environ 20000 flux. (Il faut noter que cette somme correspond au salaire moyen d'un ouvrier en Israël).

Le personnel du centre est composé de 3 éducateurs, 1 assistante sociale, 1 cuisinière, 2 ouvriers, 1 institutrice et 1 psychologue vacataire. Les jeunes ne sont pas obligés à participer aux frais de leur séjour au foyer. Après leur départ, ils sont suivis pendant 1 an. La plupart des jeunes sont placés par la justice mais quelques demandes proviennent des jeunes eux-mêmes ou de leurs familles.

Après la visite du centre, M. Katém Bahous nous fait voir le village qui abrite les ruines d'une forteresse des croisés.

[140]

Nous avons l'occasion d'assister pendant quelques instants à une messe chrétienne-orthodoxe dans une église pleine à craquer. Bien qu'il n'y ait plus un seul juif dans le village, la synagogue vieille de 2000 ans est soigneusement entretenue. Tout près de la dernière se trouve le "House of Hope", siège d'une organisation pacifiste arabe qui combat pour la coexistence pacifique entre juifs et arabes. Dans un discours flamboyant, M. Élias Jabbour explique qu'il ne faut pas nier les différences entre juifs et arabes : Qu'il faut au contraire se rendre compte pleinement de ces différences et de s'en réjouir au lieu de s'entretuer. Il nous explique que le meilleur plan de paix ne vaut rien si les gens ne sont pas prêts au plus profond de leur âme à faire la paix. Les responsables du House of Hope comptent continuer de militer pour ces idées en construisant un centre destiné à développer

[140] La Rehov Yefe Nof, une rue avec une superbe vue panoramique sur la ville de Haïfa, son port et la mer.

l'idée de la paix d'une manière scientifique : Conférences, séminaires, constitution d'une documentation et d'une bibliothèque spécialisée etc.

Vers midi nous quittons Shefar'am pour St. Jean d'Acre, ville médiévale située sur les bords de la Méditerranée. La ville, qui date de l'époque des Phéniciens fut conquise en 1104 par les croisés. Pendant un siècle et demi la ville était la métropole du territoire occupé par les croisés. Nous visitons la citadelle avec la ville souterraine datant de l'époque des croisés ainsi que la mosquée construite par entre 1781-82 par Él-Jazzar, "le boucher" et où l'on conserve la barbe du prophète.

[141]

Après le picnic obligatoire pour ces jours de fête nous visitons à Rosh Haniqra le poste de frontière avec la zone démilitarisée du Sud-Liban, impressionnant par ses installations militaires. Au même endroit on peut visiter des grottes fort jolies creusées par des milliers d'années d'érosion dans les falaises de craie blanche par la mer.

[141] Une terrace à Natanya

En retournant vers Hadassah-Neurim, nous avons l'occasion de flâner sur la Rehov Yefe Nof, une rue avec une superbe vue panoramique sur la ville de Haïfa, son port et la mer.

Le soir, nous profitions de la douceur du climat méditerranéen pour descendre à Natanya prendre un verre sur une des nombreuses terrasses ouvertes malgré le jour de fête.

Lundi, 2 octobre 1989

Après le petit déjeuner nous nous mettons immédiatement en route pour Ra'ananna près de Tel Aviv pour voir le nouveau centre pour enfants mentalement handicapés Béit Issié Shapiro qui nous est agréablement présenté par Miriam Frankel.

Comme à peu près tout ce que nous avons vu en Israël, ce centre très moderne a été financé par des dons de familles juives vivant à l'étranger. Ici, c'étaient les familles Shapiro et De Lowe qui étaient - pour des motifs divers - à l'origine du centre. C'est un beau bâtiment de construction récente et de conception très moderne, situé au milieu d'un quartier résidentiel. A notre avis, la conception pédagogique est plutôt orientée vers la concentration voire la ségrégation des enfants handicapés que vers leur intégration. Mais comme nous explique Emmanuel Grupper, qui nous accompagne ce jour-ci, on n'a pas encore fait grand-chose en Israël pour les groupes marginaux comme les vieux ou les handicapés. Les premières expériences avec des structures ouvertes viennent seulement de naître.

Toutes les institutions ont un système de financement mixte État-associations privées. Au Beit (= foyer) Issie Shapiro par exemple, l'État ne participe qu'à raison de 25 % aux frais de fonctionnement. Une association sans but lucratif cherche à rassembler les fonds nécessaires pour le fonctionnement du centre. Ainsi chaque année, des sucreries sont vendues par les enfants et volontaires, l'emballage contenant une note explicative sur le travail du centre. Ceci explique peut-être pourquoi le centre offre un très grand nombre de services et qu'on cherche à utiliser l'infrastructure existante au maximum.

Le centre comprend une section d'intervention précoce travaillant avec des enfants en bas âge au sein de leur famille : Stimulation intellectuelle, kinésithérapie et développement du langage.

Un jardin d'enfants accueille pendant la matinée surtout les bébés entre un et trois ans présentant de graves problèmes de développement et les enfants sévèrement handicapés mentaux, actuellement au nombre de 8.

Une autre section regroupe 18 enfants moins gravement retardés entre deux et quatre ans qui bEnéficient d'un programme individualisé de stimulation du développement (kinésithérapie, logopédie, stimulation intellectuelle). Pour chaque cas on fait un bilan de développement toutes les six semaines

Entre 12.30 et 15 h le centre offre un service de garderie pour enfants en bas âge afin de décharger les mères qui travaillent.

Le travail volontaire est très développé en Israël. Beit Issie Shapiro travaille avec 200 volontaires qui chacun investissent au moins trois heures par semaine dans leur tâche et dont 20 travaillent directement avec les enfants.

Nous apprenons également que les jeunes filles qui refusent de faire leur service militaire sont obligées de travailler pendant ce temps dans des institutions sociales comme p. ex. Beit Issie Shapiro. Il paraît que ce service civil n'est pas une solution de facilité.

En principe, les enfants fréquentent les jardins d'enfants municipaux à partir de l'âge de 4 ans. Les enfants sévèrement ou moyennement retardés peuvent rester au centre jusqu'à l'âge de 10 ans. On essaye de les préparer pour l'enseignement spécialisé ou pour l'institution de placement. Comme ces services sont très peu développés en Israël, les centres comme le Beit Issie Shapiro ne doivent pas craindre le chômage avec une liste d'attente de plus de 1000 enfants sur le plan national !

En principe, les services du centre sont gratuits. Les activités pendant la matinée sont surtout consacrées à la thérapie individuelle, pendant l'après-midi aux groupes.

Le centre propose encore d'autres services :

- Un "Social Activity Club" à raison de deux fois par semaine dans la soirée qui s'adresse à des handicapés adultes vivant chez leurs parents et des handicapés profonds vivant dans des foyers.
- Des consultations pour familles ayant des enfants à problèmes.
- Des programmes pour les weekends : Une maison de vacances appartenant au centre peut accueillir jusqu'à 6 enfants handicapés pour le temps d'un week-end afin de décharger un peu leurs parents.
- Comme les jouets sont très chers en Israël, le centre s'est doté d'une ludothèque où les enfants - également les enfants du quartier - peuvent prêter des jouets ou jouer sur place avec ces mêmes jouets. Ainsi le centre présente une ouverture vers la population environnante.
- Il y a également une piscine et un service dentaire.

Toute notre visite a été bien préparée. Déjà, Emmanuel nous montre l'heure : Au bus pour la prochaine visite ! Cette fois-ci c'est l'Institut Scolaire d'Horticulture de Petah-Tikva, un faubourg de Tel

Aviv. A cet endroit fut fondée la première colonie juive contemporaine en 1878. Sur l'emblème de la ville figurent un oranger et une charrue. L'institut est patronné par la section suisse d'une organisation sioniste féminine.

Dans cet endroit charmant on regroupe surtout des jeunes (300 garçons et filles) de 12 à 18 ans et des jeunes adultes ayant terminé leur service militaire et ayant l'intention d'apprendre le métier de jardinier-horticulteur. Comme dans tous les internats en Israël, beaucoup de jeunes proviennent de régions où ils n'ont pas de possibilité de faire des études secondaires. Ici, ils vivent dans des chambres à quatre ; les garçons sont séparés des filles. Mais les jeunes qui nous montrent leurs chambres nous disent que le manque de confort dans les dortoirs est largement compensé par le site et l'infrastructure de l'institut. Dans chaque bâtiment une famille d'éducateurs s'occupe du bien-être des jeunes. D'ailleurs, pendant notre visite, nous sommes accompagnés par Ilena qui faisait partie de la délégation israélienne qui a visité notre pays en 1988.

Après les dortoirs nous avons eu l'occasion de voir la superbe piscine de l'institut, sa bibliothèque, gérée admirablement par Eugénie Roitmann, ses serres et les jardins modèles où on étudie la croissance de toutes sortes de plantes sous différentes conditions pour voir si elles s'adaptent au climat israélien.

Un repas amical en présence du directeur de l'institut A. Aviram termine notre visite.

[142]

Puisque nous sommes à Tel Aviv, quoi de plus normal que d'aller voir le musée de la diaspora, le Beit Ha Tefoutsoth ! Le terme "diaspora" désigne la période entre la chute de Massada et la fondation de l'État d'Israël, c.à.d. toute la période de l'exode du peuple juif. Le musée, construit en 1979 et situé sur le terrain de l'université de Tel Aviv, est lui-même une œuvre d'art de premier rang. L'architecture, la présentation des sept sections qui le composent "valent le voyage" pour parler en termes de guides touristiques. Son objectif étant la reconstitution de l'histoire du peuple juif, on apprend ici tout sur les conditions de vie et la culture du peuple juif pendant presque deux millénaires dans tous les coins du monde.

Comme la visite de musée nous prend plus de temps que prévu, nous renonçons à une promenade au centre de la ville moderne

---

[142] Le regretté ami Jos Bewer avec son épouse Josiane. Jos a été e.a. à l'origine des services de consultation juridique, des maisons de jeunes et des guides « Vos Droits et Devoirs »

de Tel Aviv pour nous rendre immédiatement à Jaffa, centre historique qui se trouvait à l'origine de la plus grande ville d'Israël. Le centre de Jaffa a été rénové d'une manière superbe. Les maisons centenaires sont occupées par des joailliers, des artisans d'art de toutes sortes et des restaurants de luxe. C'est donc le terrain propice pour notre délégation de compenser certaines frustrations, pour parler en termes savants sur des choses assez banales. Avant l'excellent dîner dans ce restaurant franco-arabo-exotique, on n'entendait que le gémissement des cartes de crédit dans leurs machines machiavéliques.

Mardi, 3 octobre 1989

Ce matin était prévu la visite des bureaux du Service Social de Hedera, une ville de 45.000 habitants faisant ainsi partie des 10 villes les plus grandes en Israël. Mais au lieu de se réunir dans un bureau, notre guide Sid Pinkas, travailleur social originaire des États-Unis a préféré nous montrer des réalisations sur le terrain.

Le Service Social de la ville d'Hedera collabore avec toutes les institutions à caractère social de la ville. Il occupe 20 travailleurs sociaux qui font du travail administratif (répartition des allocations diverses) et qui interviennent aussi directement dans les familles. Le budget est financé par l'État pour les 3/4; par la municipalité pour 1/4.

Nous voilà donc dans un Centre d'Aide par le Travail (CAT) dans un faubourg de Hedera.

L'assistante sociale du centre nous donne des explications sur le travail avec les familles. Ici se pose surtout le problème des relations sexuelles que peuvent avoir les handicapés entre eux et également le problème des couples de handicapés. 54 handicapés adultes travaillent dans le centre. On cherche par tous les moyens à trouver des emplois à l'extérieur ce qui réussit pour 2-3 cas par an. Ces placements sont très stables, c.à.d. que peu d'ouvriers reviennent au centre parce qu'ils avaient des problèmes d'adaptation.

[143]

L'éminence grise de ce centre est le Dr Ahareoni. Venu en Israël en 1934 à l'âge de 18 ans, il a poursuivi ses études en Écosse pour devenir vétérinaire. Après la naissance d'un fils handicapé, il a changé de métier et s'est occupé exclusivement des handicapés. En 1950, il n'y avait pas de structures d'accueil pour les handicapés en Israël. Avec beaucoup de patience et en guerroyant en permanence avec les administrations nationales et locales, le Dr. Aharoni a réussi à mettre en place à l'endroit d'un ancien camp militaire anglais un ensemble de structures d'accueil et de traitement pour handicapés.

En 1960, il fonda A.K.I.M., une association de parents d'enfants handicapés et en 1963, le premier atelier protégé pour 7 personnes fut ouvert dans une chambre d'une maison particulière et sans subventions de nulle part. En 1979 fut ouvert le premier foyer

---

[143] Nathalie et Raymond Ceccotto

pour 16 personnes adultes dans une des baraques du camp militaire. Dans ce foyer, les handicapés avaient la possibilité de vivre jusqu'à la fin de leurs jours. 6 d'entre eux travaillent à l'extérieur ; ils sont bien et normalement payés (800 shekel par mois). Rappelons que le salaire moyen d'un ouvrier qualifié se situe autour de 1000 shekel. Les frais de fonctionnement du foyer sont de l'ordre de 1500 shekel par mois pour 1 personne handicapée.

L'association défend les principes de la normalisation. Un club house offre aux handicapés la possibilité de passer leur temps libre ensemble avec des non-handicapés. 4 appartements en milieu ouvert peuvent accueillir des handicapés plus autonomes dans leur comportement. En 1981 fut créé un centre de jour qui comprend actuellement trois classes pour enfants handicapés entre 2 et 9 ans. 1 institutrice, 2 monitrices, des volontaires et une personne handicapée pour les travaux ménagers travaillent dans cet endroit.

Le centre abrite également un groupe de polyhandicapés et handicapés graves auxquels on donne surtout des soins individuels intensifs avec ergothérapie, kinésithérapie et thérapie de jeu adaptée aux possibilités des handicapés.

Selon le Dr. Aharoni, le concept d'intégration scolaire, sociale et professionnelle des handicapés en Israël n'est encore que très peu développé : La majorité des handicapés vivent dans des institutions fermées ce qui semble correspondre au désir de sécurité des parents. Les enseignants de leur part refusent le plus souvent le concept d'intégration scolaire.

Comme on nous attendait à l'internat "Steinberg" à Kfar Saba à midi, on n'avait plus le temps d'aller voir un centre de jour pour personnes âgées à Hedera. Steinberg a la réputation d'être un internat pour enfants "surdoués" ce qui bien sûr a réveillé notre curiosité, nous qui faisons partie du plus commun des mortels.

En fait le terme "surdoués" désigne des enfants capables d'étudier mais qui pour des raisons géographiques ou familiales n'ont pas les possibilités matérielles de poursuivre leurs études. L'internat Steinberg existe depuis 1967. Les enfants fréquentent des écoles publiques aux alentours de l'internat et pendant les après-midis libres, ils ont l'occasion de parfaire leurs connaissances à l'intérieur de l'internat qui offre une large gamme de cours et d'activités de perfectionnement de haut niveau.

Pour être admis à Steinberg, il faut être proposé par un enseignant. Les enfants passent ensuite des tests à la centrale de la Youth Aliyah à Tel Aviv et après avoir réussi les épreuves, ils sont admis si les parents sont d'accord. Actuellement 300 enfants venant de tout Israël fréquentent cet internat qui n'est d'ailleurs pas le seul du genre : Au total il y en a sept. Puisque les enfants viennent souvent de milieux pauvres, les parents contribuent au prix de pension selon leurs possibilités matérielles.

Après leur départ, les enfants sont suivis par les services de l'école. Selon le directeur, M. David Meiselman, les résultats sont encourageants : La majorité des élèves continue d'étudier à l'université, beaucoup d'entre eux deviennent avocats, ingénieurs, médecins ... Pendant leur service militaire, ils se font remarquer pour leur courage et leur engagement. Souvent ils prolongent leur service militaire pour faire la formation d'officier. Toujours selon le directeur, la devise de l'école est de servir son pays.

144

Après un repas soigné avec l'inévitable poulet accompagné d'une pâtisserie 3 étoiles nous nous mettons en route vers le sud. Emmanuel Grupper et Ruthie Rubiss, qui nous avaient accompagnés ces deux jours nous confient à Achmed, notre chauffeur. En route, nous rencontrons Gadi Sherfe, un jeune éducateur qui faisait également partie du groupe qui avait visité Luxembourg et qui sera notre guide aujourd'hui et demain.

A Beer Sheba, capitale du Néguev, nous sommes attendus par un professeur de l'université Ben Gurion, M. Melchior, d'origine australienne et qui parle parfaitement l'allemand. Sans tarder, il nous emmène un peu à l'extérieur de la ville ou se trouve un fantastique monument en béton armé, le monument du Palmach, dédié à la brigade du Néguev qui s'empara de Beer Sheba lors de la guerre d'indépendance en 1948 et réalisé par le sculpteur Dani Karavan. De ce point on a une belle vue sur la ville qui se trouve déjà en plein désert : Un désert sillonné de rues et d'agglomérations mais un désert

[144] Deant l'Université Ben Gurion à Beer-Sheba

quand même ! Nous retournons en ville pour pénétrer brièvement dans l'enceinte de l'université Ben Gurion, bel édifice où on cultive surtout la science et la technologie du désert, la seule université où on enseigne le grec et le latin en Israël.

[145]

A Beer Sheba se trouve une source d'eau connue depuis les temps de la bible. La ville était une étape stratégique entre Jérusalem et Eilat et connaît la présence juive depuis l'époque byzantine. Entre autres, la ville est connue pour sa clinique vétérinaire : Si un jour, votre chameau tombe malade, vous n'avez qu'à vous adresser à cet hôpital un peu particulier. Dans la ville, la rue principale est bloquée à la suite d'un accident. Comme le célèbre marché de chameaux nomade n'a lieu que le jeudi, nous allons seulement boire un coup dans un café plein de soldats sur la route vers la frontière égyptienne. On nous conseille sans cesse de boire beaucoup dans le désert afin d'empêcher la déshydratation du corps ; un conseil qu'il ne faut pas répéter deux fois à un Luxembourgeois ! En essayant de ne pas trébucher sur une

[145] Le Negev

mitraillette, nous nous dirigeons vers le bus qui nous emmène à travers la nuit vers Nizzana sur la frontière égyptienne.

La route vers Nizzana passe par un étroit corridor bordé de camps militaires dont les lumières donnent un caractère fantastique à ce paysage nocturne. On entend le bruit sourd des canons pendant toute la nuit. Gadi, qui a fait son service militaire ici nous explique que l'entrainement dure jour et nuit, les exercices nocturnes sont très fréquents.

Le camp de la Youth Alyiah à Nizzana est bien gardé : Des soldats ouvrent la portière pour laisser le passage au bus. A l'intérieur, Ze'ev Ziven, le responsable nous attend et après un repas pris à la va vite il nous donne quelques explications sur le centre :

Nizzana est une expérience-pilote créée par la Youth Alyiah, une sorte d'école en forêt Israélienne qui n'existe que depuis deux ans. Ze'ev dit qu'au départ il y avait "l'idée folle" de donner aux jeunes surtout des parties nord du pays la possibilité d'apprendre à connaître de près les problèmes du Néguev. Pendant toute l'année scolaire le camp de Nizzana accueille donc des classes pendant 2 semaines et leur propose des activités diverses :

- Exploration de la partie est du Néguev
- Fouilles archéologiques sur le site de la ville byzantine de Nizzana
- Contact avec des bédouins, courses de chameaux
- Visite de la frontière égyptienne, informations sur la guerre
- Sorties en bicyclette tout terrain (gros succès !) - deux jours dans la montagne à la belle étoile - camps de survie, randonnées nocturnes - informations sur l'écologie du désert
- Expériences en agriculture (utilisation de l'eau saline)
- Techniques artisanales anciennes
- Étude de la nature et de l'environnement
- Activités sociales

Chaque stage se termine par une surprise-party. On peut dire que ce camp a un succès énorme chez les jeunes. Les réservations ne manquent pas de sorte qu'on pense à agrandir le camp. Le seul problème c'est le recrutement du personnel : Bien qu'on leur offre toutes les facilités, il est difficile de trouver des éducateurs prêts à vivre dans le désert pour faire ce travail. Sur les 22 personnes qui travaillent cette année dans le camp, 6 seulement y font leur deuxième année, les autres sont nouveaux et doivent subir un entraînement avant de s'occuper des enfants.

146

Ze'ew a des idées précises sur l'avenir du camp. Selon lui il faudrait multiplier les initiatives pareilles. Ainsi on arriverait à motiver plus de jeunes de revenir dans le Néguev pour y faire leur vie. Dans la région de Nizzana, on a pu repousser le désert de 40 km dans les dernières années,

Selon lui, le désert serait propice pour l'étude des arts ; au lieu d'implanter les académies de beaux-arts dans une autre partie du pays il faudrait les amener au Néguev.

Pourquoi pas ?

[146] Sculpture monumentale près de Nizzana

Mercredi, 4 octobre 1989

Décidément, on se lève tôt en Israël ! A 5.00 h du matin, nous sortons de nos cabanes que nous avions occupées non sans problèmes la veille. Ze'ev nous avait conseillé de profiter des premières heures du matin pour voir les fouilles de Nizzana. A partir de 8 heures, la chaleur devient déjà insoutenable.

Le site de Nizzana se trouve sur l'itinéraire qu'ont emprunté jadis les caravanes entre l'Égypte et le Liban. Il est difficile de s'imaginer que dans cet endroit désert parsemé de pierres florissait il y a 1500 an une ville de quelques milliers d'habitants avec une citadelle surplombant la ville basse avec ses quatre églises, son théâtre et un pont enjambant je ne sais quelle rivière. Les jeunes du camp ont dégagé une petite église byzantine sous un mètre de décombres. Ze'ev retire une bâche en plastique pour découvrir de belles mosaïques avec des dessins géométriques.

[147]

De loin, nous voyons la frontière égyptienne avec ses miradors et ses barbelés. Ze'ev nous montre encore une ferme qui cultive des plantes avec de l'eau saline tirée d'un puits très profond. Nous retournons au camp pour prendre le petit déjeuner.

Ensuite Achmed nous conduit à Sde Boker, un kibboutz où Ben Gurion a passé ses derniers jours après son retrait de la scène politique. Nous visitons sa cabane, une modeste maison où on a conservé ses objets personnels et qui est un lieu de pèlerinage en Israël.

Ensuite le bus nous mène vers la Mer Morte ou nous visitons le site extraordinaire de Massada. Cette forteresse naturelle (Hérode y avait fait construire un somptueux palais), situé sur un Enorme rocher haut de 450 mètres était le dernier îlot de la résistance juive contre les légions romaines de l'empereur Flavius Silvia. Après un siège qui dura trois ans, les Romains sont parvenus à s'emparer de la forteresse en faisant construire une énorme rampe par des esclaves juifs.

[148]

[147] Les vestiges d'un camp romain devant Massada
[148] Du haut de la forteresse

Les occupants de la forteresse sous la direction d'Eléazar ben Yaïr, l'ultime défenseur juif, ont préféré se suicider collectivement pour ne pas tomber dans les mains des Romains. Ils ont détruit leurs maisons, leurs ateliers, leurs installations militaires et ont laissé intactes les réserves de vivres pour montrer aux romains qu'ils ont dû capituler parce qu'ils refusaient l'esclavage et la soumission et non parce qu'ils étaient affamés. Le serment que doivent prêter les recrues de l'armée israélienne s'inspire de cet évènement tragique de l'histoire juive : "Plus jamais Massada !". Ajoutons qu'avec la chute de Massada commence la diaspora, l'exode des juifs dans le monde entier.

Du haut de la forteresse, on a une vue magnifique sur la région désertique qui borde la Mer Morte. Rappelons que la Mer Morte est située à 450 mètres en-dessous du niveau de la mer. C'est le point le plus bas du monde. Elle a une longueur de 78 km et une largeur de 18 km. Son point le plus profond est à 400 mètres, la salinité est de 25 %.

A En Gedi, une oasis connue depuis les temps bibliques, nous profitons pour prendre un bain très "superficiel" dans l'eau salée. Impossible de plonger ! C'est d'ailleurs fort déconseillé car l'eau brule dans la bouche et dans les yeux quand on reçoit une éclaboussure. Quelques dames essayent de se couvrir de boue noire que l'on parvient non sans mal à prélever du fond. Mais comme le temps presse, elles n'ont pas l'occasion d'attendre son action bienfaisante.

Comme la nuit tombe vite en Israël, il fait déjà noir quand nous arrivons à Jérusalem. L'institution qui nous accueille s'appelle Havai Hanoar Hatzioni. C'est un lycée français mixte avec internat. L'éducateur responsable s'appelle Marc et après le dîner, il nous donne quelques explications sur son institution. Crée en 1949, le lycée français accueille des élèves de milieux divers : des enfants doués issus d'un milieu pauvre, des cas sociaux, des élèves qui désirent échapper au contrôle des parents, des élèves provenant de régions dépourvues d'écoles secondaires etc. Aux 250 élèves israéliens s'ajoutent 50 élèves français, 40 américains et 50 australiens, tous juifs bien entendu.

La devise de l'école c'est d'apprendre à connaître des cultures différentes pour mieux s'intégrer dans la société. L'école a 5 sections : travail du bois, modes, section artistique, baccalauréat et section informatique. Le prix de pension est élevé : 18.000 FF par an. Les critères d'admission sont sévères : A part le fait qu'il faut être juif, il faut avoir un certain niveau intellectuel et répondre à des critères personnels et sociaux bien définis.

La soirée se termine par une promenade nocturne sur les terrasses nouvellement aménagées près du parc de l'ONU qui offrent une vue magnifique sur la ville illuminée et un pot bien mérité dans le très beau café de la promenade.

[149]

[149] Le mont du temple

Jeudi, 5 octobre 1989

Toute visite de Jérusalem commence obligatoirement avec le musée de l'holocauste Yad-Vashem nous explique Alexandre Shemer qui nous a rejoint pour ce jour-ci. Dans cet endroit grandiose et solennel, les terreurs nazies commises contre le peuple juif sont documentées d'une manière émouvante.

Après le musée, nous avons la chance de pouvoir visiter la Knesset : la salle du parlement et le vaste hall avec les gobelins et les mosaïques sur les murs et sur le sol de Marc Chagall. En face de la Knesset se trouve la menora en bronze, sculpté par Benno Elkain. Le chandelier à sept branches, symbole de l'Etat juif, reproduit des scènes de l'histoire du peuple juif. Nous faisons un saut au Sanctuaire du Livre où sont conservés les précieux "Manuscrits de la Mer Morte", les plus anciens documents de la civilisation juive. Ce musée est un joyau architectural :

[150]

[150] Devant le mur des lamentations

Sous le toit en forme d'amphore sont conservés les manuscrits. Malheureusement, nous devons nous limiter à cette section du musée d'Israël qui est beaucoup plus vaste.

A midi, nous sommes reçus dans un des rares internats pour jeunes filles religieuses "Amelia". M. Aaron Cohen, le directeur nous donne quelques explications : Amelia est un internat avec école pour jeunes filles religieuses. On offre une formation professionnelle et scolaire, la formation religieuse devrait permettre aux jeunes filles de devenir des épouses modèles pour leurs maris croyants. Savoir appliquer le livre saint des juifs, la Tora, dans la vie de tous les jours n'est pas très simple. Ainsi les filles apprennent p.ex. à faire la cuisine cachère, à pratiquer une vie sexuelle en accord avec la religion etc.

Il y a des filles venant de Jérusalem et de familles aisées et d'autres venant de régions où il n'y a pas d'écoles. Ces dernières viennent souvent de milieux économiquement faibles d'où des problèmes relationnels entre les deux groupes.

Après le repas, nous avons l'occasion de parler avec 6 d'entre elles sur tous les sujets possibles : Conditions de vie, guerre et paix, religion, rôle de la femme etc. Nous avons l'impression que les jeunes filles sont rondement contentes de leur sort.

L'après-midi sera enfin consacré à la visite de la vieille ville de Jérusalem. La population arabe est en grève, les magasins sont fermés, les rues sont vides, l'atmosphère est tendue. Au pas de course, Alexandre nous mène vers le Mur des Lamentations où nous sommes contrôlés sévèrement avant de descendre sur la place. Au pas de course nous poursuivons jusqu'à l'église du Saint Sépulcre où quatre religions se disputent le terrain. L'église est un invraisemblable enchevêtrement de corridors, d'escaliers, de chapelles et de chantiers qu'on se dispute au cm^2 entre sectes et cultes chrétiens. Si on l'avait encore, on y perdrait la foi. Alexandre, qui a eu vraiment peur, nous chasse vers la prochaine porte et nous arrivons sains et saufs à l'autobus qui nous mène en vitesse vers un endroit plus sûr. Dans ce quartier récent, réservé aux artistes et artisans d'art, nous trouvons un café agréable pour prendre un verre près du Moulin de Montefiore.

Le soir, une réception a été organisée en notre honneur au Lycée Français. Autour d'Eli Amir, directeur général de la Youth Aliyah sont réunis quelques personnalités : Meir Gottesmann, Emmanuel Grupper, Toledemo Avi, Philip Ullmann et M. Grethel, le directeur du lycée et quelques membres du personnel, des membres de la Youth Aliyah et d'autres organisations actives dans le domaine socio-éducatif.

Eli Amir nous donne un aperçu historique sur l'évolution de la Youth Aliyah : Tout a commencé en 1933 après l'arrivée au pouvoir des nazis en Allemagne. Pour accueillir les fugitifs venant surtout d'Allemagne, une organisation internationale de secours aux jeunes immigrants s'est créée. Après la guerre, l'immigration devenait plus importante et pour renforcer la solidarité juive, la Youth Aliyah a créé des centres de formation scolaire avec internats où se mêlent toutes les nationalités.

[151]

Actuellement, le problème de l'intégration des juifs éthiopiens, venus en grand nombre au pays, pose de sérieux problèmes.

Les buts de l'Aliyah des Jeunes est la promotion de l'éducation scolaire et professionnelle et formation des qualités personnelles requises pour vivre dans un pays qui se forme tous les jours : Ouverture d'esprit, tolérance, respect des minorités.

[151] Notre groupe

Dans beaucoup de pays se sont formés des comités qui soutiennent la Youth Aliyah par des dons. Mais comme membre de la FICE, la Youth Aliyah cherche aussi à suivre l'évolution dans le domaine socio-éducatif à l'étranger car en Israël aussi, les concepts éducatifs changent.

Après cet exposé et quelques petites interventions d'autres personnes, une discussion animée s'engage sur les problèmes actuels en Israël.

Vendredi, 6 octobre 1989

La matinée est libre pour faire des achats ou pour visiter encore une fois à ses propres risques et périls la vieille ville de Jérusalem, une occasion dont profite la majorité du groupe. Achmed nous attend vers 14 h près du Hilton pour nous reconduire à Hadassah-Neurim. Le beau temps nous permet de prendre un bain d'adieu dans la Méditerranée.

Après le dîner rituel du sabbat en présence de jeunes éthiopiens, Meir Gottesmann nous invite à une dernière réunion de synthèse en présence d'Alexandre Shemer, Emmanuel Grupper et d'autres personnes de la Youth Aliyah et du Centre de Neurim.

Chacun des participants donne son avis personnel sur ce qu'il a vécu, vu et entendu pendant notre séjour. Les critiques sont rares, tout le monde se dit satisfait.

Meir Gottesmann profite de l'occasion pour présenter le 1er numéro du bulletin international de la FICE dont lui est l'artisan principal et qui vient de sortir de l'imprimerie à Tel Aviv. En même temps, il nous refile quelques huit cents exemplaires pour les emmener à Luxembourg, comme ça ! Mais comme il est très sympathique et comme nous le sommes aussi, nous ne pouvons pas dire non.

C'est enfin l'occasion pour distribuer les jolis livres que nous avons emmenés du Luxembourg pour remercier nos amis pour l'impeccable organisation de notre visite.

Samedi, 7 octobre 1989

[152]

Comme notre avion part seulement vers 16.00 heures, nous avons l'occasion de visiter Césarée, le port et la ville antique. Alexandre nous explique qu'ici les romains ont utilisé pour la première fois un genre de mortier comparable à notre béton pour construire les fondements pour les brise-lames. Et des lames, on en voit ce jour ! En effet le temps a changé, il pleut légèrement et la mer est déchaînée.

---

[152] A Césarée

D'abord nous visitons l'amphithéâtre romain où on donne encore aujourd'hui des représentations. Ensuite c'est le tour de la ville fortifiée par les croisés et dont ne subsistent que des ruines. Près de la plage, il y a quelques restaurants et cafés ; on voit que la saison touristique se termine : On rentre les dernières chaises des terrasses, il y a plus de chats que de touristes dans les dernières boutiques ouvertes.

Personne n'a vraiment envie de faire les bagages. Mais il le faut bien. Après le déjeuner Achmid nous conduit à l'aéroport. On nous pose beaucoup de questions mais le contrôle pour sortir est moins sévère que pour entrer en Israël. Un airbus très confortable nous emporte vers Francfort et pour nous changer du poulet qu'entre-temps tout le monde aimait bien, on nous sert de la dinde à bord. Nous avions beaucoup peur pour les bulletins dans leurs emballages précaires mais tout s'est bien passé. A Luxembourg, tard dans la nuit et sous une pluie battante nous nous séparons avec la promesse de nous revoir bientôt et décidés à refaire un voyage d'études dans un autre coin du monde !

INDEX

15 heures par jour 94
4 Indikatoren zur Erfassung der Armut 128
Abus sexuel 64
ADCA..............................146
Albert Bandura 66
Alex Bodry 36
Alexandre Schemer 197
Alltagsprobleme 132
Alternativen zum Einsperren 159
ambulanten Bereich 161
ANCE 13, 153
Angst vor Terrorangriffen114
Ankie Hoogvelt 87
Anti-Terrorpaket „Ensure 1" 114
Armut und Kinderzahl.....135
Armutsgrenze 129
ATTAC............................107
Ausländerhass....................70
banque du temps 51
Bedarf an Fachwissen......150
Beer Sheba.......................218
Begleitforschung..............168
Benito Mussolini 202
Beobachtungsprotokoll....192
Bewesch Jos 33
bientraitances...................173
Bill Clinton 82
Blomfield und Douglas....186
Bodry 24
Brigitte Berger 77
Bruno Bettelheim.............199
cartels du crime.................96
Centre d'Aide par le Travail 214
Centres socio-éducatifs....159
CEPS-Studie 127
Césarée 231
Child Welfare Index 136
Child Wellbeeing and Child Poverty.........................136
Christian Lucie 32
conseil d'établissement......61
CRIJE 10
crise du lien social 48
crise financière................103
Crosby 188
Datensammlungen 126
David Weikart 59
déficit démographique 83
délinquance juvénile 55
der FICE 153
désacralisation 98
Dialog und Transparenz ..148
discipline du marché........103
Dominique Schlechter 32
downsizing 92
drei Affen...........................18
Dreiphasenmodell............186
droit de vote à 16 ans.........37
Echternacher Springprozession 4

Edmond Pierard................47
EFCW.............................162
EGCA.............................146
Einnässen........................178
ÉLEM...............................53
Eli Amir..........................228
Eltern.............................193
Emmanuel Grupper.........198
En Gedi...........................224
enfants "surdoués"...........217
enfants handicapés...........209
enseignants exigeants........59
Enuresis....................15, 177
Erfahrungswissens...........164
Ernesto Zedillo.................82
Erziehungsbegriff............170
Etat providence..........51, 103
exclusion..........................99
Fachtagungen..................149
Familie.............................12
Familienpolitik...................5
familienunterstützende
Initiativen....................157
familles arabes................205
familles nombreuses........206
Fehlen eines Überbaus.....147
FICE...................12, 46, 230
Forschung.......................162
Forschung und Ausbildung166
Forschungsmethoden.......172
Forum............................148
Fouilles archéologiques...220
Fremdunterbringung...........5
Front National...................13
Fünfjahresplanes...............22
Gebet..............................185
Geheimdienste................118
geschlossene Unterbringung
....................................143
Gesellschaft......................13
Ghislain Verstraete...........45
Globalisierungsfalle...........84
globalophobes...................82
Groeben, N.......................57
Großregion......................141
habilités parentales............55
Hadassah-Neurim............201
Haïfa...............................209
Head Start Programme......59
Heiliger St.Veit...............185
Heinrich Kuppfer.......77, 170
Hier und Jetzt..................176
Hierarchieprobleme.........164
High/Scope.......................58
Holger Thurau.................169
House of Hope................207
Hugues de Jouvenel...........88
Idealfamilljen...................75
IEES...............................145
industrie du divertissement97
inégalités sociales............100
InformAge........................81
instrumentelle
Konditionierung..........187
internats pour jeunes filles
religieuses..................227
Israel................................16
Jaffa,..............................214
Janusz Korczak...............175
jardinier-horticulteur........212

Jean Baudrillard 110
Jean Ziegler 85, 95
Jean-Baptiste DE FOUCAULD 48
Jean-Marie Bergeret 31
Jerome Kagan 171
Jérusalem 224
Jésus Christ 202
jeunes délinquants 206
jobless growth.................... 88
Jos Bewer 45
Journée de réflexion 24
Judith Rich Harris 171
Jugend 10
Jugendfeindlichkeit 70
Jugendgemeinderat 12
Jugendhäuser 20
Jugendministerium 11
Jugendpolitik 22
Jugendschutzgesetz .. 150, 157
Juliaan Van Acker 162
Kfar Saba 216
kibboutz 199
Killerkapitalismus 85
Kinder aus der 4. Welt 123
Kinderarmut 14
Kinderrechte 173
Kinderrechtlern 174
Kinderrechtspolitik 126
Kinderschützern 174
Kindertagesstätten 156
Kindheits-Determinismus 171
klassischen Konditionierung 187
Klaus Wolf 155
Klaus Wolf, ... 167
Kollektivverträge 21
Kongress von 1992 166
konstruktive Reaktionen .. 173
Konsumterror 18
Korzak 76
Krankenhausmodell 168
Kuhlen 184
Kurt Singer 58, 63
la veille de l'an 5750 201
l'accès à l'emploi 51
Ländervergleichen 128
Leistungsfelder der Heimerziehung 157
Liewensqualitéit 79
Lovibond 188
Lucien Barel 31
lycée français 224
M. Manciaux 56
Machtkonflikte 164
Makarenko 76
Manuscrits de la Mer Morte 226
marché libre 50
Martin & Schumann 91, 98
Massada 223
Massenhysterie 119
Medien 18, 75
Medienerziehung 5
medikamentösen Behandlung 186
Meinung des Kindes 158
Meir Gottesmann 197
Mer Morte 223
Michelin 93

Miktionsvorgang 180
milliardaires 83
Milzbrandattacken 112
Mowrer und Mowrer 188
Muellner 180
multi-level-approach 133
Mur des Lamentations 228
musée de la diaspora 213
musée de l'holocauste 226
Nachbarländern 153
Nazareth 202
neit Proletariat 25
Neonazigruppen 112
Nestbeschmutzung 141
Nico Meisch 32
Nizzana 220
normalisation 216
ökonomische Rechte 122
outsourcing 93
parents ambitieux 59
partenaires indépendants ... 93
partis conservateurs 94
pauvreté 55
Pawlow 187
Pedro Vega 43
Petah-Tikva 212
Pisa-Studie 142
Planungsgruppe Petra 169
pollution médiatique 66
polyhandicapés 216
pragmatische Aspekte 152
préscolaire 55
Private Sicherheitsdienste 117
pro-aktive Politik 142
Problemfamilien 150
Prof. Spieler 185
Protection, Provision und Participation 173
Psychoanalyse 75, 171
Pygmalion 57
Rainer Werner Fassbinder 120
Raoul Wetzbuger 48
Rechte des Kindes 4
Rechte Parteien 117
Rechtsextremismus 120
rechtsradikale Propaganda . 71
reflektierte Routinen 170
Richard E. Tremblay 53
ROE 70 190
Rolf Lambach 169
Rollenkonflikter 77
Rosenthal et Jacobson 57
Rosh Haniqra 208
Rückfälle - 188
Rückfallquoten 189
Saint Sépulcre 228
Sauberkeitstraining 181
Schienagel 194
Schlaf von Enuretikern 183
schleppende Prozeduren .. 142
Schmidtchen 77
Schuldgefühle 191
Schuldzuweisungen 142
Schulpolitik 5
Schweregrad der Armut ... 131
Selbstmordrate 133
selbstverwaltetes Jugendzentrum 10
Service Social de Hedera . 214
Siegfried Grossc 190

Skinner........................... 187
Social Activity Club 211
société 20:80.....................94
société des deux tiers 95
sociétés transnationales 86
Soziale Arbeit.................... 14
Sozialtransfers 135
spéculation.........................83
St. Jean Baptiste 204
St. Jean d'Acre 208
stabilité de l'emploi 92
Stanley Milgram 67
Stegat............................... 179
Stellvertreterkriege 14
Stephanie Coontz...............74
Steuerparadiesen................ 13
Symptombelastung 190
système scolaire.................64
Tel Aviv 213
Thalmann......................... 179
Theoriediskussion...... 14, 141
Theoriefeindlichkeit 145
theorielosen Raum........... 146
Thérèse Michaelis.............44
Tibériade..........................203
Tobin-Tax........................ 102
Tofranil 186
Toilettentrainings............. 181
Tony Blair..........................82
toxicomanies......................44
transfer pricing 86
turbo-capitalisme 82
Universität in Luxemburg 143
université Ben Gurion......219
Université de Montréal 53
Ursula Nuber 73
utilitarisme.........................50
vergleichbare Daten......... 125
Verhaltensauffälligkeiten 183
Verhaltensstörungen 168
verhaltenstherapeutische
Methoden..................... 186
Verhellen 19
Versicherungsprämien..... 112
Versorgungsmängel 156
Video-Home-Training 56
vieille ville de Jérusalem .228
Vierphasenmodell............ 182
vierte Weltkrieg............... 110
village druse.....................202
violence institutionnelle.....64
Vollkasko- Policen 115
Wandersage 63
Weckapparat.................... 185
Wohlbefinden 135
Wohnverhältnisse 191
Wolfgang Gleim 32
World Trade Center......... 109
Youth Aliyah 198, 229
Zivilcourage..................... 152
Zwei-Drittel-Gesellschaft .. 17

Publikationen von Robert Soisson

Becker, Jean-Luc, Ceccotto, Raymond, Sagramola, Silvio, Soisson, Robert (Hrsg.): RESOLUX (Réseau social du Luxembourg) Erste Ausgabe 1993, 11 Updates (alle 18 Monate) (www.resolux.lu)

Bewer, Jos (Texte) Soisson, Robert (Zeichnungen) : Jeunes, vos Droits et Devoirs,

Bewer, Jos (Texte), Soisson, Robert (Zeichnungen) : Jeunes, vos droits et devoirs, herausgegeben vom « Réseau Luxembourgeois des Centres d'Information et de Rencontre » : Luxembourg 1994

Bewer, Jos (Texte), Soisson, Robert (Zeichnungen): Vos Droits et Devoirs de 12 à 18 ans, herausgegeben von der « Commission de l'Année Internationale de la Jeunesse » Luxembourg 1985

Bewer, Jos, Robert Soisson e.a: Les droits de l'enfant au Grand-Duché de Luxembourg – Rapport initial du Gouvernement pour le Comité des Droits de l'Enfant de Genève ; Luxembozrg, Ministère de la Famille, juillet 1996, ISBN 2-87994-036-2

Fischer Jörg / Merten Roland (Hrsg.) Armut und soziale Ausgrenzung von Kindern und Jugendlichen. 2009 Schneider Verlag Hohengehren GmbH, D-73666 Baltmannsweiler – Länderbericht Luxemburg

Gottesmann, Meir, Soisson, Robert, Widmer, Rolf: Herausgeber des "FICE-Bulletin"; 13 Ausgaben 1989-1996

Groff, Alfred, Soisson, Robert, Wirion, Christine (Hrsg.): « Guide pratique des réalisations medico-sociales et psychopédagogiques au Grand Duché de Luxembourg », 1. Ausgabe 1976; 2 Updates

Haniger, Oskar M.: Aufbruch zu letzten Brunnen – Lyrik mit 6 Zeichnungen von Robert Soisson; Europäischer Verlag Wien 1981

Höynck, Theresia, Soisson, Robert, Trede, Wolfgang, Will, Hans-Dieter (Hrsg.): Jugend Hilfe – Jugend Strafe – Zum Umgang mit Kinder- und Jugenddelinquenz im europäischen Vergleich; IGfh Verlag Frankfurt am Main 2002, ISBN 3-925146-52-0

Hudson, John, Lighthart, Leo L.L., Soisson, Robert: Glossary of Child Care, Social Care and Social Work Terms; FICE-Verlag, Zürich 1991, ISBN 3-90-5607-09-3

Jugendkalenner 1986 ; herausgegeben von « Action locale pour Jeunes » avec des dessins de Robert Soisson

Leiner, Roger (Zeichnungen), Soisson, Robert (Text): "Décke Gas an der Krommheck", ein Comic-Album zum Thema Kinderrechte; Ministère de la Famille, Luxembourg 1994, ISBN 2-495-32001-5

Leiner, Roger (Zeichnungen), Soisson, Robert (Text): "Ech och!", 2. Comic-Album zum Thema Kinderrechte; Centre de Médiation, Luxembourg 2001, ISBN 2-87996-946-8

Schoos, Jean, Soisson, Robert, Vandivinit, Claude: Sprachen, Interferenz und Intelligenz – Eine soziolinguistische Untersuchung in Luxemburg, 2016; Books on Demand, Norderstedt, ISBN 978-3-7392-4439-6;

Schule-Arbeit-Freizeit: Ratgeber für Jugendliche (mit Zeichnungen u.a. von Robert Soisson); Herausgegeben vom Erziehungsministerium und der Action Locale pour Jeunes, 1987

Soisson, Robert: Zwischen Anspruch und Wirklichkeit: Die Arbeit mit Familien in sozialer Ausgrenzung, Vortrag auf der „Family-Watch"-Konferenz in Potsdam, Oktober 2000

Soisson, Robert (Hrsg.): Aktuelle problème Jugendlicher in der Heimerziehung in Europa. Texte zum internationalen Kongress vom 6.-9. Juni 1985 in Luxemburg; FICE Verlag, Zürich 1986

Soisson, Robert (Hrsg.): Policy Making, Research and Staff Training in Residential Care; FICE-Verlag Zürich 1992, ISBN 3-90-5607-11-5
Soisson, Robert : Jeunes, vos Droits et Devoirs, Forum N° 164, Dec. 1995

Soisson, Robert: Jugendhäuser in unserer Gesellschaft; Forum N° 164; Dec. 1995

Soisson, Robert : Les droits de l'Enfant en Europe in : Actes de la Journée Régionale des Droits de l'Enfant, St. Étienne 2000

Soisson, Robert, Vandivinit, Claude: 10 Jahre Heidelberg Alumni Luxemburg. Herausgegeben von HALU; ISBN 978-99959-0-263-6

Soisson, Robert: Aspekte internationaler Arbeit im Bereich der Heimerziehung, in: Colla, Gabriel, Millham, Müller-Teusler, Winkler (Eds.) Handbook Residential and Foster Care in Europe, Luhterhand, Neuwied 1999

Soisson, Robert: Das Geschäft mit der Angst, Forum N° 213, Feb. 2002

Soisson, Robert: Early Childhood and Education; Montreal, September 1996, IFCW Conference

Soisson, Robert: FICE and Cultural policy for Children; Kopenhagen 1997

Soisson, Robert: Länderbericht Luxemburg: in: Kinderrechte in Europa – Erstes Europäisches Regionaltreffen von Nationalen Koalitionen 3.-5. März 1998 in Berlin. Hrsg.: National Coalition Deutschland, Bonn 1998, ISBN 3-922975-54-2, S. 46-47

Soisson, Robert: Gewalt und Medienkompetenz, Forum N° 212, Dec. 2001

Soisson, Robert : Globalisation et exclusion sociale : Quelles perspectives pour les jeunes en Europe ? Dans : Elisabeth

Hoffmann : Rapport final du projet *L'exclusion sociale des familles en Europe – 2000-2002 ;* publié dans : ANCE-bulletin N° 113 ; juin 2005, P. 41-45

Soisson, Robert : Aider les familles à développer leurs compétences Dans : Elisabeth Hoffmann : Rapport final du projet *L'exclusion sociale des familles en Europe – 2000-2002 ;* publié dans : ANCE-bulletin N° 113 ; juin 2005, P. 46-54

Soisson, Robert: Herausgeber des "ANCE-bulletin", Diskussionsforum für erzieherische Hilfen und inclusive Erziehung; 105 Ausgaben 1978-116 (www.ances.lu); Danch „Arc"; zugänglich im Archiv "Luxemburgensia" der Nationalbibliothek

Soisson, Robert: Intensive Familienarbeit als Alternative zur Heimerziehung, Forum N° 191, April 1999 und ANCE-Bulletin N° 100, März 2000

Soisson, Robert: Jugend-Hilfe, Jugend-Strafe, Forum N° 205, Dec. 2001 und ANCE-Bulletin N° 105-106, S. 6-9

Soisson, Robert: Kinder haben Rechte: Forum N° 173/174, Feb. 1997

Soisson, Robert : L'influence des conditions internes et externs sur l'éducation extra-familiale in : Communautés Educatives N° 77, Paris 1991

Soisson, Robert : La situation des Droits de l'Enfant au Luxembourg, Présentation pour le colloque de la Fondation

Houtman du 18/19 avril 2002 à Bruxelles : Manifeste pour les enfants – Vers un réseau international d'échanges et de bonnes pratiques.

Soisson, Robert : Les comportements violents chez certains enfants et jeunes, Forum N° 245, April 2005

Soisson, Robert : Les droits des enfants en placement : Bucarest, July 1996 ; ANCE-Bulletin N° 100, Februar 2000

Soisson, Robert: Médiamorphose, Forum N° 215, April 2002

Soisson, Robert: Medienerziehung und Medienkompetenz, Forum N° 223, Feb. 2003

Soisson, Robert : Citoyenneté et handicap : Texte d'une conférence à Vannes le 2 octobre 2003 ; publié dans ANCE-Bulletin N° 109/110, mars 2004, P. 5-23 et dans ce livre

Soisson, Robert : On peut distinguer cinq formes de violence à l'école, Forum N° 245, April 2005

Soisson, Robert: Residential Care in Luxembourg, in: Meir Gottesmann (Hrsg.): Residential Child Care, an International Reader, S. 214-222; Whiting & Birch Ltd, London 1991, ISBN 1 871177 17 0

Soisson, Robert: Soziale Arbeit im grenzüberschreitenden Vergleich: Seminar der Universität Trier (D); 2002

Soisson, Robert: Theoriefeindlicher Pragmatismus, Seminar der Universität Trier (D); 2003; veröffentlicht in: "ANCE-bulletin N° 108, September 2003

Soisson, Robert: Über Medienerziehung und Medienkompetenz: in "Médiamorphose II", Tagungsprotokoll einses Seminars, organisiert vom „Conseil National des Programmes" (CNP), Luxembourg 2003; in ANCE-Bulletin N° 108, Septemder 2003

Soisson, Robert: Wer erzieht wen im Heim? In: Iva Vankova (Hrsg.): Andere Zeiten, andere Kinder. Beiträge zum FICE-Kongress in Prague 1990, FICE-Verlag Zürich 1991, ISBN 3-90 5607 - 08 – 5

Soisson, Robert: Wer erzieht wen im Heim? in: Peters, Friedhelm (Hg.): Professionalität im Alltag, Kritische Texte Verlag, Bielefeld 1993 - ISBN 3-925515-28-3

Soisson, Robert; Das Echternach-Syndrom Band 1: Kinderrechte in Luxemburg; Books on Demand, Norderstedt 2017, ISBN 978-3-7448-0964-1

Soisson, Robert; Das Echternach-Syndrom Band 2: Schulpolitik in Luxemburg; Books on Demand, Norderstedt 2017, ISBN 978-3-7448-1356-3

Soisson, Robert: Das Echternach-Syndrom Band 3: Medienerziehung in Luxemburg; Books on Demand, Norderstedt 2017; ISBN 978-3-7460-1624-5

Soisson, Robert: Das Echternach-Syndrom Band 4: Heimerziehung in Luxemburg; Books on Demand, Norderstedt 2017; ISBN 978-3-7460-1624-5

Soisson, Robert: Das Echternach Syndrom Bans 5: Jugend, Familie, Gesellschaft; Books on Demand, Norderstedt 2018; ISBN 978-3 7460-3071-5

Soisson, Robert, Leurs, Pol, Mathay, Véronique : Humoristic Luxembourg – 31 portraits de cartoonistes contemporains (D/F/E), CartoonArt.lu Éditions, Luxembourg ; ISBN 978-2-9199469-0-7

Tousch, Pol : Verhonziklopedi – (avec des des dessins de e.a. Robert Soisson) ; Éditions Pol Tousch, 1995 ISBN 2-919971-04-2

Wehenkel, Henri : Dissidences – Ronderëm 68 (avec des dessins de e.a. Robert Soisson), Herausgegeben von « Di Lenk » ; ISBN 978-99959-616-0-2

In eigener Sache :

Erschienen am 2. Juli 2017;
Erhältlich bei BoD, Amazon, usw. Preis: 9,99 €

Erschienen am 8. September 2017;
Erhältlich bei BoD, Amazon, usw. Preis: 12,99 €

Erschienen am 10. November 2017;
Erhältlich bei BoD, Amazon, usw. Preis: 15 €

Erschienen am 20. November 2017;
Erhältlich bei BoD, Amazon, usw. Preis 12,9

Les cartoonistes et caricaturistes du Luxembourg

Portraits d'artistes

www.cartoonart.lu

Porträts von 31 zeitgenössischen Luxemburger Karikaturisten. Erhältlich in den meisten Buchhandlungen oder beim Autor: Preis: 35 € + Porto.
Sprachen: Französisch, Deutsch & Englisch
Informationen: soisson.rob@gmail.com

FSC
www.fsc.org